新时代马克思主义经典著作必修课

解读《哥达纲领批判》

丛书主编：韩喜平
本书著者：仝联勃　薛　萍

吉林出版集团股份有限公司
全国百佳图书出版单位

图书在版编目（CIP）数据

　　解读《哥达纲领批判》/ 仝联勃，薛萍著. -- 长春：吉林出版集团股份有限公司，2022.1
　　（新时代马克思主义经典著作必修课 / 韩喜平主编）
　　ISBN 978-7-5731-1063-3

　　Ⅰ.①解… Ⅱ.①仝…②薛… Ⅲ.①《哥达纲领批判》- 马克思著作研究 Ⅳ.①A811.24

　　中国版本图书馆CIP数据核字(2021)第274707号

JIEDU GEDAGANGLING PIPAN

解读《哥达纲领批判》

丛书主编	韩喜平
本书著者	仝联勃　薛　萍
责任编辑	宫志伟　石榆淼
封面设计	尚世视觉

出　　版	吉林出版集团股份有限公司
发　　行	吉林出版集团社科图书有限公司
地　　址	吉林省长春市南关区福祉大路5788号　邮编：130118
印　　刷	长春第二新华印刷有限责任公司
电　　话	0431-81629712（总编办）　0431-81629729（营销中心）
抖 音 号	吉林出版集团社科图书有限公司　37009026326

开　　本	710 mm×1000 mm　1 / 16
印　　张	10
字　　数	120千
版　　次	2022年1月第1版
印　　次	2022年1月第1次印刷

书　　号	ISBN 978-7-5731-1063-3
定　　价	40.00元

如有印装质量问题，请与市场营销中心联系调换。0431-81629729

序　言

青年兴则国家兴，青年强则国家强。青年是民族的未来，要实现中华民族伟大复兴中国梦就必须抓好后继有人这个根本大计。中国共产党百年奋斗的辉煌成就进一步彰显了马克思主义的思想伟力，让青年学子掌握马克思主义看家本领，用马克思主义理论武装头脑，一个关键环节是学习马克思主义经典著作。

马克思主义经典著作是以理论的方式把握世界的典范。以理论的方式把握世界是现代文明的一个基本特征。理论不仅是人们对世界认知的概念表达，同时也是人们把握世界的思维方式，而且还承载着人们的价值观和生活态度。马克思主义经典著作中鲜明的价值立场、清晰的概念界定和严密的逻辑推导不仅能够满足青年对知识的渴望，更重要的是能够提高青年人的政治价值和理论素养。青年学习马克思主义经典著作，有助于提升自己独立思考的能力，提升分析问题、辨别是非的能力。

伟大的中国特色社会主义事业需要一代代人的接续奋斗。青年只有在社会主义伟大实践中，在马克思主义理论的学习中，才能成为真正的马克思主义者。学习马克思主义经典著作，是培养堪当民族复兴大业时代新人的必然要求。青年读原著、学原文、悟原理，深刻把握马克思主义的历史逻辑、理论逻辑和实践逻辑，有助于提高自身的政治理论素养，面对不断变幻、纷繁复杂的种种社会思潮，面对西方的意识形态渗透，面对知识碎片化、文化快餐消费盛行，能够保持政治定力和政治鉴别力，坚定中国特色社会主义的道路自信、理论自信、文化自信和制度自信，提高理论素养。

  立鸿鹄志，做奋斗者，是党和国家、人民对青年的要求。理想是价值之诗。有了远大的理想，才有了现实与理想的矛盾，才能积极地求解这些矛盾以推动现实趋向理想。但是，有句话非常有道理：一开始就能看到目标的人注定不会走得太远。相反，志向越是高远，所取得的成就可能越大。马克思和恩格斯所开创的"使现存世界革命化，实际地反对并改变现存的事物"（马克思和恩格斯语）的现实的共产主义运动，就是以远大的共产主义社会理想和人的自由全面发展为归宿的。中国特色社会主义事业同样需要青年志存高远，胸怀天下，奋发有为。阅读学习马克思主义经典著作，有助于青年树立和坚定中国特色社会主义的共同理想和共产主义远大理想，不负青春韶华，让青春之光闪耀在为梦想奋斗的道路上。

  马克思主义理论是青年成长最重要的理论陪伴，青年应当主动接近马克思主义，走进马克思主义。马克思主义理论是时代精神的精华，是人类文明发展的最高成果，其内容博大精深，有些文本形成于一百多年前，有其特定的历史背景和语言表达方式，青年阅读理解会有一定的困难。为此，我们编写了这套《新时代马克思主义经典著作必修课》系列丛书，以经典文献导读的方式全面地介绍马克思主义理论的基础知识。希望青年朋友们通过本系列丛书的阅读，能够产生进一步阅读学习马克思主义经典文本的兴趣，自觉不断提升自身的马克思主义理论素养和思想水平。

韩喜平
2021年12月

目 录

导读 / 001

第一章 《哥达纲领批判》批判的是什么

第一节 "大忽悠"拉萨尔 / 006

第二节 被误解的马克思？/ 028

第三节 《哥达纲领批判》的大智慧 / 042

第二章 共产主义从来都不是一蹴而就的

第一节 资本主义私有制才是一切问题的症结 / 047

第二节 无产阶级革命的首要任务 / 067

第三节 共产主义要分阶段，更要讲原则 / 070

第四节 农民才是无产阶级的可靠同盟军 / 092

第五节 真正的无产阶级 / 098

第三章　令人难以容忍的《哥达纲领》

第一节　"铁的工资规律" / 103

第二节　你不知道的工资理论和剩余价值学说 / 113

第四章　社会主义只能来自社会革命

第一节　建立生产合作社靠的不是幻想 / 120

第二节　只有无产阶级的阶级斗争才能建立新社会 / 128

第五章　无产阶级专政一定能赢！

第一节　马克思眼中的"自由国家" / 132

第二节　只有无产阶级才能战胜一切 / 139

第三节　最后的国家形式里阶级斗争最后的决战 / 144

第四节　不越过资产阶级水平的民主喧嚣 / 147

导　读

　　《哥达纲领批判》是马克思1875年写作的一部马克思主义纲领性文献，针对的是当时德国工人运动的两大派别——德国社会民主工党（爱森纳赫派）和全德工人联合会（拉萨尔派）在德国哥达城合并、组建新党——社会主义工人党而起草的新党纲——《哥达纲领》草案。所以，要读懂《哥达纲领批判》，就必须了解德国社会民主党（德国社会主义工人党是它的前身），了解《哥达纲领》草案中充斥的拉萨尔机会主义，了解德国19世纪中后期的社会现实，就要把马克思的《哥达纲领批判》放到当时德国乃至欧洲的社会背景下、放到整个国际共产主义运动中去理解，这样，才能读懂《哥达纲领批判》。否则，你可能不知道《哥达纲领批判》中马克思思想的针对性，读不懂《哥达纲领批判》。马克思的《哥达纲领批判》是一部驳论、论战和具有激烈批判性的著作，你必须知道它批判的对象，它攻击的靶子。马克思惯用反问、隐喻、讽刺、嘲弄、引用等写作手法，这使《哥达纲领批判》辛辣、深刻、精彩透辟，充满战斗性，但同时也增加了阅读难度。所以，读者必须弄清马克思论战对手的思想观点及其实质。

　　本书旨在讲解、介绍马克思的《哥达纲领批判》，为有兴趣学习、有志于研究这部马克思主义经典著作的读者扫清阅读障碍、疑难。为此,本书介绍了《哥达纲领批判》的社会历史背景,包括当时德国的状况、德国社会民主党、拉萨尔机会主义、马克思主义在当时欧洲的发展等,这算是本书的一个特点。本书的另一个特点是按照《哥达纲领批判》的逻辑结构逐章逐节逐段地讲解,用楷体字引用一段《哥达纲领批判》原文,用仿宋体字引马克思批判内容,再用宋体字讲解一段。这样会让我们更加深入、细致、全面地把握《哥达纲领批判》的思想内容。

本书详尽地解读了马克思对拉萨尔超阶级的国家观,幻想通过普选权、合法斗争、依靠现存普鲁士"国家帮助"建立"生产合作社"过渡到社会主义,"铁的工资规律"等拉萨尔机会主义思想的尖锐批判;对共产主义社会两个发展阶段的原则构想;以及对社会主义时期的分配原则、无产阶级专政的理论的深刻阐明。

在《哥达纲领批判》中,马克思逐条剖析《哥达纲领》草案的条文,以论战形式一一驳斥了《哥达纲领》草案的错误观点:

批判《哥达纲领》草案鼓吹拉萨尔"分配决定论"的错误,阐明了共产主义第一阶段——社会主义社会的总产品和个人消费品的"按劳分配"原则和共产主义高级阶段——共产主义社会"按需分配"原则。

批判《哥达纲领》草案中"劳动是一切财富和一切文化的源泉""有益的劳动只有在社会中和通过社会才是可能的"[1]的错误观点,马克思指出它们的错误在于,未考虑当时德国社会现实

---

[1] 中共中央编译局. 马克思恩格斯选集(第3卷)[M]. 北京:人民出版社,1972:5.

导　读

状况，没有深入考察现有的资本主义生产关系，而是将"现在已变成陈词滥调的见解作为教条重新强加于我们党，另一方面又用民主主义者和法国社会主义者所惯用的、凭空想象的关于权利的废话，来歪曲那些花费了很大力量才灌输给党而现在已在党内扎了根的现实主义观点"，且一针见血地指出"劳动不是一切财富的源泉"，劳动只有在具备了劳动对象和劳动工具的条件下进行，才能创造出财富。资产阶级为了掩盖资本主义的剥削实质，避而不谈生产资料这一生产、创造财富的先决条件，实际上是让工人阶级在不触动生产资料私有制的前提下进行革命。

批判《哥达纲领》草案中诬蔑农民是"反动的一帮"[①]，这一说法完全背离了马克思关于阶级斗争、无产阶级革命和无产阶级专政的学说。马克思、恩格斯强调，农民是无产阶级的可靠同盟军。而《哥达纲领》草案让机会主义的思想和主张明目张胆地登堂入室。如果按照这个草案去指导党的工作，它将会使党遭到瓦解；如果用这个草案来指导当时的工人运动，就将会使工人运动走上一条邪路，最终受害的还是工人阶级和劳动人民。

批判《哥达纲领》中散布的资产阶级狭隘民族主义，阐明了无产阶级的国际主义原则。马克思强调没有全世界无产者的联合，就没有全世界无产阶级革命的胜利，巴黎公社失败的经验教训表明，无产阶级在革命斗争中必须加强无产阶级的国际主义。

---

① 中共中央编译局. 马克思恩格斯选集（第3卷）[M]. 北京：人民出版社，1972：13.

批判了拉萨尔所谓"铁的工资规律"①是与英国"马尔萨斯人口论"一脉相承的庸俗工资理论，重新阐述了《资本论》中的工资理论和剩余价值学说，指出雇佣劳动制度、私有制才是无产阶级贫困化的深刻根源。

批判了拉萨尔依靠现存"国家帮助"建立"生产合作社"的幻想②，批判拉萨尔根本不懂得阶级斗争，根本不了解社会历史，更没有看到国家性质对社会的影响。马克思始终强调暴力革命，无产阶级要想实现自身解放，只能打破旧的国家机器，建立无产阶级专政。也就是，不革命，就不会有社会主义，因此指出只有通过无产阶级的阶级斗争才能建立一个新社会。

批判了《哥达纲领》草案争取"自由国家"的资产阶级民主要求③，指出：用合法手段斗争、向现存国家提出自己要求是民主主义的废话、幻想，资本主义国家不是"千年王国"，在资本主义国家这一最后的国家形式中阶级斗争会发生最后的决战，无产阶级会通过革命夺取国家政权，实现无产阶级的革命专政，第一次阐明共产主义社会两个发展阶段的原理。

由于本人能力水平有限，难免会有对马克思《哥达纲领批判》理解不到位、甚至不当之处，恳请大家批评指正。

《哥达纲领批判》是马克思晚年在病榻前写作完成的，是一

---

① 中共中央编译局. 马克思恩格斯选集（第3卷）[M]. 北京：人民出版社，1972：16.
② 中共中央编译局. 马克思恩格斯选集（第3卷）[M]. 北京：人民出版社，1972：18.
③ 中共中央编译局. 马克思恩格斯选集（第3卷）[M]. 北京：人民出版社，1972：19.

导　　读

部继《共产党宣言》之后的马克思主义纲领性文献，是马克思对科学共产主义成熟思考的一篇著作，在马克思主义发展史上具有非常重要的地位和价值。在本书中，马克思根据当时欧洲资本主义的历史背景和国际共产主义运动的发展状况，全面系统地批判了德国工人运动中的拉萨尔机会主义，厘清了科学社会主义思想与非社会主义思想的本质区别，阐述了工人阶级政党的理论基础和战略、策略思想，在此基础上对未来社会的实现途径、国家制度、发展阶段以及分配制度作了原则构想。从整个国际共产主义运动史的发展来看，《哥达纲领批判》一直是世界各国共产党加强思想理论建设、克服各种机会主义的思想武器，发挥了广泛而深远的理论和现实影响。《哥达纲领批判》的写作时间距今已经过去140多年，但是这篇经典著作至今仍具有重要的理论价值与现实指导作用，对我们今天建设中国特色社会主义仍有借鉴意义。

通过对马克思主义经典著作《哥达纲领批判》的学习，相信大家会提高马克思主义的理论水平，并用《哥达纲领批判》的思想精神指导我们今天伟大的中国特色社会主义建设事业。

第一章 《哥达纲领批判》批判的是什么

第一节 "大忽悠"拉萨尔

一、德国的状况

德意志民族的产生是一个延续了许多世纪的过程。当我们古老的大中华经历了周、秦、汉、晋、隋、唐等王朝的更替，创造了辉煌灿烂的东方文明后，德意志的史册才刚刚翻开第一页。

德国历史开始于公元919年。在这一年，萨克森公爵亨利一世取得了东法兰克王国王位，建立了德意志王国。亨利一世的儿子鄂图一世继承王位后为了取得所谓上帝授予的皇权，于公元962年强迫教皇约翰十世在罗马给他加冕，称为"罗马皇帝"，德意志王国便称为"德意志民族的神圣罗马帝国"，史称"德意志第一帝国"。德意志民族的神圣罗马帝国始终不是一个中央集权的统一国家。随着地方封建势力日益强大，皇帝的权力便不断衰落，形成了不少小诸侯邦国。在这四分五裂的帝国中，最大的两个邦国是普鲁士和奥地利。

第一章 《哥达纲领批判》批判的是什么

分裂的德意志保持着松散的政治联盟——德意志联邦由35个君主国（巴登、巴伐利亚、萨克森等）和4个自由市（汉堡、不来梅、吕贝克、法兰克福）组成。1848年欧洲爆发了资产阶级大革命，同年3月在德国柏林、维也纳爆发了大规模的革命，虽然也取得了一些胜利，如赶跑了专制统治者梅特涅，但最终并没有完成资产阶级自身的使命。马克思、恩格斯积极投身并从思想上领导了德国革命，提出了共产党在资产阶级民主革命中"消除分裂局面，建立德意志统一共和国"的任务。但由于德国资产阶级的软弱、无产阶级尚不成熟，这一美好愿望落空。

容克地主资产阶级化的改革成功形成发展的结局是：原本属于革命对象的德国容克地主迫于形势发展的压力，自己动手进行了资产阶级化的改革，在封建主义的外壳下把德国推向了资本主义道路，并取得了极大的成功，从而推进了普鲁士的强盛，为德国统一奠定了基础。列宁把德国这种极具特色的社会发展方式称作"普鲁士的道路"。

三次王朝战争，由谁领导德国统一分裂的德意志？通过什么形式实现统一？天性懦弱的资产阶级，在政治上、组织上都处于幼稚阶段的无产阶级，都没有力量领导这场势在必行的德国统一运动。别无选择，只有由最大的两个邦国普鲁士王室或奥地利皇室领导，通过自上而下的王朝之间的战争来解决这一问题。19世纪后半期，普鲁士通过三次王朝战争，实现了德国在普鲁士控制下的统一。第一次：1864年对丹麦战争胜利，普鲁士和奥地利迫使丹麦割让石勒苏益格-荷尔斯泰因地区；第二次：1866年普鲁士奥地利战争,史称"七星期战争",奥地利败北,脱离德意志邦联,普鲁士统一了整个北中部德意志,建立由普鲁士主导的北德邦联;第三次:1870年普法战争,普鲁士击败法国,1871年1月18日,普鲁士国王威廉一世在法国凡尔赛宫加冕为德意志皇帝,统一的德意志帝国建立,史称"德意志第二帝国"。从此,分裂了近一千年的德意志民族,终于实现了梦寐以求的统一。

1871年的德国统一,消除了德国工人运动中两大派别——由拉萨尔领导的全德工人联合会(拉萨尔派)和由奥古斯特·倍倍尔、威廉·李卜克内西领导的社会民主工党(爱森纳赫派)在德国统一问题上的策略分歧,从而使1875年两派的合并有了更为现实的基础,为两派的合并、德国社会主义工人党的创立创造了条件。

德意志帝国成立不久就出现了经济繁荣的局面,法国的几十亿赔款也对此产生了促进作用,于是,帝国的经济实力快速增强,生产和贸易空前活跃。但是,1873年爆发了世界资本主义经济危机,这次经济危机也席卷了整个德国,德国成了"外国所有过剩生产的堆放场"。德国普鲁士政府"铁血宰相"俾斯麦及时实行保护关税政策,对钢铁、木材、粮食和牲口实行进口税,不仅保护了本国市场,稳定了德意志帝国的经济秩序,而且还增加了德国的经济收入。

二、德国社会民主党的初创

1848年欧洲资产阶级革命失败后,工人运动处于低潮。随着德国工业的迅猛发展,德国工人阶级队伍不断壮大,到19世纪60

第一章 《哥达纲领批判》批判的是什么

年代又开始复苏，工人运动重新高涨，并出现了工人阶级政党性质的组织。1863年5月23日在德国莱比锡创立了以拉萨尔为主席的全德工人联合会（德国工人运动的拉萨尔派）。全德工人联合会是德国第一个工人运动组织，其代表者拉萨尔是德国工人运动中机会主义的始祖，他曾写了一些小册子宣扬右倾机会主义的理论。他幻想通过争得普选权和依靠所谓的"国家帮助"来实现社会主义；他反对暴力革命，把无产阶级及其政党的斗争仅限于议会活动和其他合法活动的范围内；他还同普鲁士首相俾斯麦秘密勾结，竭力支持俾斯麦通过王朝战争自上而下统一德国的道路。他在工人中的鼓动工作，使他获得了部分工人的信任。1863年5月，德国八个城市的工人代表在莱比锡成立了全德工人联合会，他当选为该会主席。他的机会主义观点被写入了联合会的章程，成了这个组织的指导思想。1864年8月，拉萨尔在一次决斗中死去，他的继承人哈森克莱维尔等人先后领导全德工人联合会，仍然推行拉萨尔主义。

1869年8月，德国工人运动中的先进分子在威廉·李卜克内西和倍倍尔的领导下，在德国爱森纳赫城建立了德国社会民主工党（德国工人运动的爱森纳赫派）。爱森纳赫派通过了自己的革命纲领，宣布参加第一国际；坚持无产阶级国际主义，主张通过自下而上的革命，推翻地主贵族的统治，实现德国的统一；积极为无产阶级的经济、政治利益而进行斗争，推动了工人运动的发展，在工人群众中的影响不断扩大。

1873年爆发了世界资本主义经济危机，这次经济危机也席卷了整个德国，工人失业，阶级矛盾激化。在这种新形势下，德国无产阶级迫切要求清除自己内部的分裂，建立统一的工人阶级的政党，以加强革命力量的领导，共同对敌。爱森纳赫派曾两次建议两派合并，但都遭到了拉萨尔派的拒绝。爱森纳赫派在实际的革命斗争中执行了马克思主义的路线，并充分显示了自己的力量，表明它是真正代表了工人阶级利益的。而拉萨尔派领导的全德工人联合会的广大成员则逐渐觉悟起来，对其领导人执行机会主义路线日益不满，使拉萨尔派在政治上和组织上都面临全面瓦解的危机。进入19世纪70年代，德国工人运动的发展使普鲁士政府感到惊慌，他们生怕这"赤色的危险"会在德国引发另一个巴黎公社，于是，德国俾斯麦政府加紧了对工人运动的镇压：爱森纳赫派的地方组织遭到封闭，拉萨尔派在1871年选举中失败，丧失了优越感。正是在这种情况下，拉萨尔派的领导们为了挽救全德工人联合会这一快要解体的组织，保住自己已经开始动摇的地位，才不得不主动要求同爱森纳赫派合并。

马克思、恩格斯对德国工人运动中的两派合并特别关注。马克思与恩格斯发表讲话，大力赞成此举。他们认为德国工人运动长期分裂的局面将会由于两派的合并而宣告结束。但他们同时也希望这次合并的纲领必须建立在科学社会主义理论的基础上。马克思、恩格斯指出，只有建立在科学社会主义的理论原则、纲领路线的基础上的合并，才符合无产阶级利益。马克思、恩格斯一再告诫爱森纳赫派领导人倍倍尔和李卜克内西，在理论上，拉萨尔派没有什么值得学习的，也不应该同他们的机会主义妥协，

第一章 《哥达纲领批判》批判的是什么

不应该为图一时的成功而拿原则做交易，不应该被"团结"的叫喊所迷惑而仓促合并。而是要坚决让拉萨尔派放弃机会主义的立场，不再做宗派主义者。恩格斯曾经给倍倍尔写过一封信，信中强调："是否合并要看他们有多少诚意放弃他们的宗派口号和他们的'国家帮助'，并基本上接受1869年的爱森纳赫纲领或这个纲领的适合目前情况的修订版。"恩格斯当时清醒地认识到，拉萨尔机会主义思潮和他们所建立的科学社会主义理论是相矛盾的，会破坏工人运动的宗旨和方向。基于此，他们多次面向社会主义民主党的领导者强调，要基于科学社会主义理论，形成科学系统的纲领。"这就是在全世界面前树立起可供人们用来衡量党的运动水平的里程碑"，在一个成熟的工人阶级政党中，必须要有成熟的理论和一致的思想准则，此乃两派合并的前提条件，这个前提远比组织形式的合并更重要。马克思、恩格斯认为，为了工人阶级、工人运动的利益，为了共同的对敌斗争，爱森纳赫派可以与拉萨尔派建立临时的组织联系，在具体问题上达成共同的协定，但不要轻易地实施合并。同时，还要向工人群众继续揭露拉萨尔改良主义错误，进一步争取它的广大成员，使他们更加孤立，为两派在革命原则基础上的统一创造条件，以便达到德国工人运动在马克思主义革命原则基础上的思想统一。

1875年5月，德国社会民主工党（爱森纳赫派）和全德工人联合会（拉萨尔派）在德国哥达城合并，并组建新党——德国社会主义工人党。德国社会主义工人党的建立结束了德国工人运动长期分裂的局面，有利于对付共同的敌人。但是，爱森纳赫派为了合并不惜拿原则做交易，合并起草的党纲（即《哥达纲领》草案）充满拉萨尔主义观点，既没谈无产阶级专政，也没谈未来共产主义社会的国家制度，而是充满了改良主义的幻想。但是，新党章程否定了拉萨尔主义的主席个人独裁组织原则，强调党内民主、集体领导和3个中央领导机构相互监督与制约。党的执行委员会由5人组成（其中，拉萨尔派3人，爱森纳赫派2人），作为党的最高领导机构，监察委员会（7人组成）负责监督执委会的工作，仲裁委员会（18人组成）负责调节上述两个机构。

1878年，即德国社会主义工人党成立第三年，德国议会通过了俾斯麦提出的《镇压社会民主党企图危害治安的法令》，禁止德国社会主义工人党的活动，使社会主义工人党处于非法地位，1892年，德国社会民主党（此时德国社会主义工人党已改名为德国社会民主党）又被恢复合法地位。德国社会主义工人党从成立之日起，不断受到各种机会主义的干扰，先是受杜林主义的困扰，1878年《非常法》颁布后，党内又出现赫希伯格、施拉姆和伯恩斯坦的"苏黎世三人团"右倾机会主义和以莫斯特为首的无政府主义，1890年以后又受福尔马尔右倾机会主义和"青年派""左"倾机会主义的影响。但是，德国社会民主党在马克思和恩格斯的关怀、帮助下，击败了各种"左"右倾机会主义，提高了党的战斗力。1890年，德国社会主义工人党改名为"德国社会民主党"。德国社会民主党曾经是第二国际的骨干，对领导推动德国工人运动乃至整个国际工人运动发展发挥了积极的作用。

马克思、恩格斯逝世后，德国社会民主党内部机会主义逐渐

第一章 《哥达纲领批判》批判的是什么

占据统治地位。第一次世界大战爆发,德国社会民主党堕落成资产阶级的工具。第二次世界大战中,德国社会民主党转为地下组织。二战后德国西战区与柏林的社会民主党代表在汉诺威召开党的代表大会,宣布重建德国社会民主党,并沿用1925年以马克思主义为指导思想的海德堡纲领。二战结束后,1959年德国社会民主党又制定了哥德斯堡纲领,摒弃了阶级政党和马克思主义原理,推行社会福利计划,主张社会市场经济。1966年,德国社会民主党与基民盟组合成大联合政府。直到1969年德国联邦众议院大选,德国社会民主党与自由民主党结盟,击败基民盟、基社盟,首度取得执政权,布兰德出任总理。1982年,基民盟对施密特总理(德国社会民主党籍)提出建设性不信任案,致使施密特下台,基民盟的科尔获选新任联邦总理。1998年,德国社会民主党与绿党结盟,又击败持续执政17年的基民盟,施罗德出任联邦总理;到2005年,德国社会民主党又接连在各邦议会选举中失利,施罗德向联邦众议院提出信任案未获通过,于是,施罗德宣布解散议会进行重新选举,德国社会民主党以微弱差距败给基民盟,经协商,德国社会民主党与基民盟、基社盟共同组建大联合政府。

二战以后在西德,德国社会民主党起初处于在野位置,但是德国总理维利·勃兰特、赫尔穆特·施密特从1969年到1982年领导了联邦政府。起初德国社会民主党反对西德于1955年加入北约(北大西洋公约组织)。在苏军占领区的东德,德国社会民主党被迫与德国共产党合并为德国统一社会党。1989年东欧剧变后,东德的德国社会民主党重新回到独立政党状态，东德、西德统一后，东德、西德社会民主党合并。

德国社会民主党的成长、发展、合并，曾受到马克思、恩格斯的指导、帮助，德国社会民主党至今仍奉马克思主义为其思想来源之一，但是德国社会民主党现在已经不主张暴力革命，放弃无产阶级专政。

三、拉萨尔机会主义的影响

马克思和蒲鲁东的斗争自19世纪60年代以来开始不断加剧，在马克思对蒲鲁东主义的尖锐批判之下，蒲鲁东主义在"第一国际"当中的影响逐渐变小、淡化，但随之而来的拉萨尔主义却盛行起来。拉萨尔鼓吹的思想富有极强的煽动性，对德国工人运动及运动组织造成了强烈的影响。

拉萨尔（1825—1864），德国早期工人运动领导人，全德工人联合会创始人，机会主义的代表人物之一。1825年4月11日，拉萨尔出生于德国布雷斯劳（现弗罗茨瓦夫）的一个犹太富商家庭，少年时代聪颖过人，被称为神童。在德国柏林大学攻读哲学、语言学和历史，接受了黑格尔的唯心主义哲学体系，1844年获哲学博士学位，后来成为律师。1864年8月31日死于瑞士日内瓦。恩格斯评价拉萨尔是彻头彻尾的两面派，同时，拉萨尔也被评价为一个特别复杂而且备受非议的人物。他一方面大骂资本家的自私自利，另一方面又谄媚于落后的普鲁士王朝，他尤其反对工人阶级为改变自身命运而进行的斗争和努力，反而说服工人主动放

第一章 《哥达纲领批判》批判的是什么

弃斗争，以改良的所谓"社会主义"的方式改变自身的境遇。

1848年欧洲革命期间，拉萨尔投身革命运动，为马克思主办的德国《新莱茵报》工作过，并曾被捕入狱。1849年2月至5月，马克思、恩格斯四次以《拉萨尔》为标题，在《新莱茵报》公开发表文章声援拉萨尔的革命斗争。革命失败后，拉萨尔从事律师工作，受理了哈茨费尔特伯爵夫人离婚案的工作，伸张了正义，获取了口碑。沉寂了一个时期的国际工人运动在19世纪60年代初又开始复苏，拉萨尔积极参加德国工人运动，1862年拉萨尔发表《工人纲领》，1863年发表《给筹备莱比锡全德工人代表大会的中央委员会的公开答复》（简称《公开答复》），这是拉萨尔的两部代表作。在这两部著作中，拉萨尔提出了一整套机会主义理论作为工人运动政纲的基础。拉萨尔机会主义的理论要点是，在资本主义制度下，工人阶级的贫困是由所谓"铁的工资规律"造成的。"铁的工资规律"这一庸俗的经济学理论与马尔萨斯的人口论可以说是如出一辙，从而掩盖资本主义剥削的真正实质。拉萨尔认为，工人阶级之所以贫困，其根本原因不是由于资本主义的剥削，而是因人口的自然规律造成的。进一步而言，在资本主义社会中，工人的工资与人口多少有着密切关联，人口数目与工人工资会呈现一定的反比例。那么造成工人阶级生活贫困的根源就是人口生育数量太多，他试图否认资本家赤裸裸的压榨工人这一事实。由此可见，否认资本主义生产资料私人占有制便是拉萨尔机会主义的最终根源。

拉萨尔的机会主义诱惑工人阶级，向工人吹嘘，如果想改善生活条件，废除铁的工资规律是解放工人阶级的唯一道路，要走通这条道路，就要依靠现存国家的帮助，建立工人合作社，使工人获得自己的全部劳动所得，而这只有通过直接的、普遍的国家选举才能实现。拉萨尔错误地认为，国家并非阶级统治和压迫的工具，国家恰恰是能够积极完善和发展国民的本质力量。很明显，拉萨尔不承认国家的阶级属性，而倡导超阶级的国家观。他认为国家是帮助大家过上更好生活的，因此，工人如果想改善自己的生活境遇，那就要在国家帮助下建立生产合作社，工人的命运和境遇就会被改变。这套歪曲国家阶级实质的国家观完全是拉萨尔及其信徒的一厢情愿而已，对工人阶级改变自身命运起不到任何作用。1863年5月23日德国工人运动组织——全德工人联合会成立，拉萨尔当选为联合会主席，此时，马克思、恩格斯在远离德国的英国。为了求得普鲁士国家的帮助和实现普选，从1860年5月起，拉萨尔多次与普鲁士政府首相俾斯麦密谈、通信，表示工人阶级"本能地感到自己倾向于独裁"。19世纪德国工人运动中的机会主义思潮，主要以拉萨尔为主要代表。拉萨尔认为无产阶级只要通过和平的、合法的斗争，争得普选权，就可以把君主专制国家变成自由的人民国家；否认无产阶级进行经济斗争、暴力革命的必要性。

拉萨尔主义曾被称为"国家社会主义"（后来不再这样称呼）。在拉萨尔看来，国家是超越阶级、凌驾于全体人民之上的普遍利益的代表。拉萨尔宣称通过建立工人合作社就能实现社会主义，而要建立工人合作社，就必须依靠现存国家的帮助。这

第一章 《哥达纲领批判》批判的是什么

里，拉萨尔所期望的"国家帮助"不是来自于工人执政后的民主共和国，而是来自于现存专制国家——普鲁士，这无疑是不切实际的幻想。

为了笼络工人阶级，打击资产阶级自由主义，专制的普鲁士政府实行了一系列提高工人福利待遇的政策，但如果因此无产阶级与普鲁士政府结盟，就等于工人阶级帮助巩固腐朽的专制统治。尽管拉萨尔向政府提出普选权，但是普鲁士政府不会做出太多的让步。就算为工人阶级争取到了普权，普选权的获得也丝毫改变不了工人被榨取剩余价值的悲苦命运，反而会造成更大的灾难，即这种观点将会在党内蔓延，从而使工人丧失斗志，放弃彻底的无产阶级工人运动。

拉萨尔宣称存在着铁的工资规律，他说，工资的提高会刺激工人生育更多的子女，导致人口过剩。随着过剩人口的增多，劳动力逐渐增多。劳动力的增多使劳动力市场供大于求，工人工资将又被拉回到原来的水平。既然工资水平无法得到提高，那么工人就应该放弃为了提高工资的一切斗争，如罢工等。拉萨尔铁的工资规律理论不过是马尔萨斯人口论的翻版。马克思用其深厚的政治经济学学养指出，影响工人工资水平的因素是众多的，影响工资的规律也不是铁的，而是富有弹性的。工人通过斗争是能够提高自己的待遇、改善自己的处境的。工人不应该放弃任何的斗争手段，包括合法、非法的各种斗争形式。

拉萨尔声称，除了无产阶级，一切阶级都是"反动的一帮"。他反对无产阶级与资产阶级、小资产阶级、农民阶级联合起来推翻普鲁士专制统治。拉萨尔否认国家是实行阶级统治的机关，认为国家是超阶级的，通过现存国家的帮助，就能消灭资产阶级。马克思指出，当前德国最首要的任务是推翻普鲁士专制制度，只要德国资产阶级愿意推翻普鲁士的专制制度，无产阶级就应该同他们一起进行民主斗争。尽管无产阶级不可能因此获得政权，但却能为社会主义的实现奠定社会基础。而拉萨尔却要与普鲁士专制势力联合，将工人变成维护专制制度的帮凶。

拉萨尔主义用社会改良取代社会革命，用宗派运动取代阶级运动，甚至要将德国工人运动引上同普鲁士封建反动政府勾结、妥协的道路。拉萨尔逝世后，恩格斯在他的书信中写道："若不是拉萨尔过早去世，那么必将看到拉萨尔背叛无产阶级的一天。"马克思也指出，"拉萨尔的全部社会主义在于辱骂资本家，而向落后的普鲁士容克献媚"，是一种地道的"普鲁士王国政府的社会主义"。这一切后来得到了事实的证明，后世的历史学家发现了拉萨尔写给普鲁士政府俾斯麦的信，说明拉萨尔和普鲁士政府确实秘密接触过。

与马克思相比，拉萨尔作为小马克思七岁的理论家，有着严重的弱点和不足。拉萨尔对德国古典哲学，特别是黑格尔辩证法的理解是肤浅的，他所写的《爱非斯的晦涩哲人赫拉克利特的哲学》，没有跳出黑格尔唯心主义的樊篱，只是重复黑格尔关于赫拉克利特所说的那些话，并按黑格尔的思想修改，完全没有自己的创见。马克思把拉萨尔的这本书叫作小学生作文。拉萨尔对于政治经济学也缺乏深入研究，尽管马克思多次向他解释、介绍过自己的理论,并请他帮助出版了自己的《政治经济学批判》一书,但拉萨尔始终不能理解马克思对古典政治经济学的批判,不懂得马克思主义的剩余价值规律和工资规律,只是肤浅地谈论货币是价值的符号这类流行多年的简单经济学常识。

拉萨尔的社会主义没有达到马克思科学社会主义的水准,简单、粗俗。他的斗争策略强调现实主义,但又常常同机会主义联系在一起,迷恋"合法手段",过分相信普鲁士"铁血宰相"俾斯麦,险些将德国工人运动引向歧途。1862年马克思当面批评拉萨尔"依靠国家帮助建立合作社"的策略之后,二人矛盾极其尖锐起来,马克思认为此时拉萨尔已"无可救药",断绝了与他的来往。

四、《共产党宣言》《资本论》的发表

《共产党宣言》《资本论》等著作的创作及发表,为《哥达纲领批判》提供了坚实的理论基础,在辩证唯物主义和历史唯物主义基础之上,《哥达纲领批判》才得以形成自身最主要的理论建树,这一学说将唯物辩证法具体运用于分析社会发展过程,完整而科学地阐述了关于未来共产主义社会发展阶段。这一学说的形成,标志着马克思主义关于未来社会形态理论的最终完成。

19世纪上半叶,资本主义生产方式在欧洲主要国家迅速发展起来。英国完成了产业革命,法国的工业革命正在进行,德国也迈进了工业革命的门槛。伴随着大工业的发展,资本主义基本矛盾日益显露出来,导致以生产过剩为主要特征的周期性经济危

机。经济危机无情地摧毁了大量的社会财富，加深了无产阶级的贫困和苦难，促使无产阶级和资产阶级的阶级矛盾日益尖锐。19世纪30年代至40年代，欧洲爆发了三次大的工人运动：1831年、1834年法国里昂工人的两次武装起义，1836—1848年英国工人的宪章运动，1844年德国西里西亚纺织工人起义。三大工人运动标志着无产阶级已经作为一支独立的政治力量登上了历史舞台，由自发的阶级转变为自为的阶级。然而，由于没有马克思科学社会主义理论的指导，没有无产阶级政党的领导，这些工人运动先后都失败了。正是在这样的情况下，马克思和恩格斯适应无产阶级革命斗争的需要，总结工人运动的经验教训，写作和发表了《共产党宣言》，为工人运动、为无产阶级反对资产阶级的革命斗争指明了前进的方向，提供了强大的思想武器。

  19世纪40年代初，年轻的马克思、恩格斯亲自置身于工人运动，展开了深入的革命实践活动和潜心的理论研究工作。马克思、恩格斯站在无产阶级的立场上，用无产阶级世界观和方法论，总结、继承人类优秀文化遗产，创立了马克思主义。在哲学上抛弃了黑格尔的唯心主义，批判地吸收了黑格尔辩证法的"合理内核"；抛弃了费尔巴哈的形而上学和历史观上的唯心主义，批判地吸收了他唯物主义的"基本内核"，并把唯物主义推向前进，贯彻到人类社会历史领域，创立了历史唯物主义。马克思、恩格斯运用唯物史观对资本主义制度进行了深入的分析，批判地吸收了英国古典政治经济学的劳动价值论，创立了剩余价值理论，具体揭示了资本主义社会发展的特殊规律。唯物史观和剩余

第一章 《哥达纲领批判》批判的是什么

价值理论是马克思一生的两大发现，为科学社会主义的创立奠定了两大基石，而19世纪初期欧洲傅立叶、圣西门、欧文的三大空想社会主义则为科学社会主义的创立提供了宝贵的思想材料，成为科学社会主义的直接思想来源。

马克思、恩格斯在从事革命理论工作的过程中，无情地批判了各种非马克思主义思潮，同时，也为建立无产阶级政党进行了积极的宣传和组织工作。1846年2月，马克思、恩格斯在比利时首都布鲁塞尔建立了共产主义通讯委员会，通过它与各国工人组织进行联系。马克思、恩格斯在同各国工人社会主义者、工人团体联系的过程中，特别关注到正义者同盟这个组织。正义者同盟是一个半宣传、半密谋的团体，它的指导思想是空想的、平均的共产主义，口号为"人人皆兄弟"，目的是企图通过密谋、发动少数人起义暴动，在德国建立共产主义。马克思和恩格斯通过共产主义通讯委员会与正义者同盟的一些成员建立了密切的联系，通过耐心细致的说服教育工作，以及开展对魏特林主义和"真正的社会主义"的斗争，正义者同盟的大多数领导成员逐渐认识到马克思、恩格斯思想的正确性，并主动邀请马克思、恩格斯帮助改组正义者同盟。

1847年6月，正义者同盟在伦敦召开代表大会，恩格斯应邀出席，马克思因经济困难没能出席。代表大会接受了恩格斯的建议，把"正义者同盟"改名为"共产主义者同盟"；用"全世界无产者，联合起来！"的口号代替"人人皆兄弟"的口号，并通过了《共产主义者同盟章程》。这次大会实际成了共产主义者同盟的第一次代表大会。共产主义者同盟的第一次代表大会还通过了恩格斯起草的《共产主义信条草案》，作为共产主义者同盟讨论的纲领草案。我们可以把这个草案看作《共产党宣言》第一稿。

1847年10月底11月初，恩格斯对信条草案加以修改补充，写成了《共产主义原理》。它可以看作《共产党宣言》的第二稿。1847年11月29日—12月8日，共产主义者同盟举行第二次代表大会。马克思和恩格斯都参加了大会，会议围绕纲领问题进行了10天激烈的辩论，最后马克思和恩格斯的思想观点获得大会的一致通过。大会委托马克思和恩格斯按宣言的形式为同盟制定纲领。1847年12月，马克思、恩格斯共同起草了《共产党宣言》，最后由马克思定稿。1848年2月下旬，《共产党宣言》正式出版。

《共产党宣言》是国际共产主义运动的纲领性文献。它第一次完整系统地阐述了马克思主义的思想理论体系，是无产阶级革命政党第一个"周详的理论和实践的党纲"。《共产党宣言》系统地阐述了资本主义必然灭亡、共产主义必然胜利的社会发展的客观规律；埋葬资本主义旧制度和建设共产主义新制度是无产阶级的伟大使命，无产阶级是资本主义制度的掘墓人和共产主义社会的建设者；无产阶级革命、无产阶级的政治统治是无产阶级获得彻底解放的根本道路，《共产党宣言》声明："共产党人不屑于隐瞒自己的观点和意图。他们公开宣布：他们的目的只有用暴力推翻全部现存的社会制度才能达到"，无产阶级用暴力推翻资产阶级的反动统治后，必须建立无产阶级自己的政治统治，作为向共产主义过渡的重要条件。《共产党宣言》指出："工人革命

第一章 《哥达纲领批判》批判的是什么

的第一步就是使无产阶级上升为统治阶级，争得民主。"然后，"无产阶级将利用自己的政治统治，一步一步地夺取资产阶级的全部资本，把一切生产工具集中在国家即组织成为统治阶级的无产阶级手里，并且尽可能快地增加生产力的总量"①。当生产力高度发达，彻底消灭阶级和阶级差别的条件成熟以后，国家自行消亡。此时，代替那存在着阶级和阶级对立的社会的国家的"将是这样一个联合体，在那里，每个人的自由发展是一切人的自由发展的条件"②。

共产党是无产阶级实现历史使命的领导核心，共产党人的最近目标是使无产阶级形成为阶级，推翻资产阶级的统治，夺取政权，最终目标是消灭阶级和阶级差别，实现共产主义；《共产党宣言》最后以"全世界无产者，联合起来！"的国际主义口号呼唤各国共产党人和无产阶级团结起来，为实现共产主义而斗争。

《共产党宣言》在它诞生的170多年时间里，发挥了难以估量的作用。遗憾并且被马克思、恩格斯所不能容忍的是，在1848年马克思、恩格斯发表《共产党宣言》后的1875年，由德国社会民主工党（爱森纳赫派）和全德工人联合会（拉萨尔派）合并为的社会主义工人党的党纲——《哥达纲领》却没有吸收借鉴马克思、恩格斯《共产党宣言》中的马克思主义思想，而是充满着拉萨尔机会主义、资产阶级改良主义思想。

---

① 中共中央编译局. 马克思恩格斯选集（第1卷）[M]. 北京：人民出版社，1995：293.
② 中共中央编译局. 马克思恩格斯选集（第1卷）[M]. 北京：人民出版社，1995：294.

马克思一生的理论研究主题是实现无产阶级和全人类的解放，因而寻求人类解放的条件和道路，成为马克思终生理论探索的根本目的和任务。基于这种目的、任务，马克思的理论研究集中指向对使广大无产阶级受剥削、受压迫的资本主义社会本质的揭露和批判，只有无产阶级的解放才能实现全人类的解放。随着资本主义在欧洲的迅速发展，资本主义社会所固有的矛盾日益突显出来，马克思要深刻地剖析资本主义社会现实，则必须要到社会经济领域、政治经济学中去寻求。因此，马克思开始了他长达40年的政治经济学研究。1858年，马克思写成了《1857—1858年经济学手稿》，通常称它为《资本论》第一稿。之后，马克思又写出了篇幅巨大的《1861—1863年经济学手稿》，是《资本论》的第二部手稿。1864—1865年，他又补充了大量的经济文献和技术文献，写成了《资本论》第三部手稿。这时，《资本论》的总体系已经形成。1866年，《资本论》各卷初稿完成。1867年9月《资本论》第一卷正式出版，它是1859年发表的《政治经济学批判》的续篇。

马克思逝世后，恩格斯花费大量时间、精力整理了《资本论》第二卷和第三卷，并分别于1885年和1894年出版。恩格斯逝世后，受恩格斯的委托，考茨基在1905—1910年期间以《剩余价值学说史》为书名，将《资本论》的第四卷分三册陆续出版。

《资本论》阐明了马克思主义政治经济学的研究对象、目的、性质、方法，商品学说和商品拜物教，资本的本质及劳动力商品理论，雇佣劳动与剩余价值，经济危机与信用理论，资本主

第一章 《哥达纲领批判》批判的是什么

义地租。

《资本论》第一卷出版后，恩格斯曾经评价说，"自地球上有资本家和工人以来，没有一本书像我们面前这本书那样，对于工人具有如此重要的意义"①，它是"工人阶级的圣经"。一百多年前马克思的《资本论》，在当今世界形势已发生巨大变化的情况下，仍然熠熠生辉，显示出历久弥新的风采！

在《资本论》中，马克思指出，在资本主义社会，工人的劳动力成为一种特殊商品。劳动力是在活的工人人体中存在的，劳动力所有者——工人把自己的劳动力当作商品出卖，因为工人自身没有包含自己的劳动物化在内的商品可以出卖，工人除了自己的劳动力之外一无所有，而不得不把只存在于自己的活的身体中的劳动力本身当作商品出卖。"劳动力的买和卖是在流通领域或商品交换领域的界限以内进行的……原来的货币占有者作为资本家，昂首前行；劳动力占有者作为他的工人，尾随于后。一个笑容满面，雄心勃勃；一个战战兢兢，畏缩不前，像在市场上出卖了自己的皮一样，只有一个前途——让人家来鞣。"②"让我们同货币占有者和劳动力占有者一道，离开嘈杂的、表面的、有目共睹的领域，跟随他们两人进入门上挂着'非公莫入'牌子的隐蔽的生产场所吧！在那里，不仅可以看到资本是怎样进行生产的，而且还可以看到资本本身是怎样被生产出来的。"③资本主

---

① 中共中央编译局.马克思恩格斯选集（第2卷）[M].北京：人民出版社，1972：269.
② 马克思.资本论：第1卷[M].北京：人民出版社，2018：204-205.
③ 马克思.资本论：第1卷[M].北京：人民出版社，2018：204.

义生产过程是劳动过程和价值增值过程的统一。资本主义生产方式下劳动过程显示出两个特殊的现象：第一，工人在资本家监督下劳动，工人的劳动属于资本家；第二，工人的劳动产品是资本家的所有物。劳动力商品的"独特的使用价值，即它是价值的源泉，并且是大于它自身的价值的源泉"。劳动力的价值和劳动力在劳动过程中创造的价值是两个不同的量，资本家购买劳动力时，正是看中了劳动力的价值和工人劳动创造的价值这个差额。既然资本家购买了工人的劳动力，那么，工人劳动力的使用权也是属于资本家的。因此，资本家不仅要工人在必要劳动时间内，再生产出其劳动力价值的等价物，并且要超过必要劳动时间这个一定点，工人在必要劳动时间以上提供剩余劳动时间，在补偿劳动力价值的等价物以上创造出更多的价值。即工人的劳动不仅补偿了资本家购买劳动力的价值，而且为资本家生产出剩余价值。剩余价值理论是马克思一生的两个伟大发现之一。马克思通过剩余价值理论揭开资本主义生产、剥削工人剩余劳动的秘密。

如前所述，马克思用深厚的政治经济学学养指出，影响工人工资水平的因素是众多的，影响工人工资的规律不是铁的，而是富有弹性的。工人通过各种形式的斗争是能够提高自己的待遇、改善自己的处境的。工人不应该放弃任何斗争手段。拉萨尔铁的工资规律只看到了资本主义条件下工人受剥削、工资低、贫困化的现象，并把它归结为劳动力过剩，没有挖掘出造成工人贫困化的真正根源——资本主义雇佣劳动制度。

第一章 《哥达纲领批判》批判的是什么

五、巴黎公社的经验教训

《共产党宣言》《资本论》等著作为《哥达纲领批判》中阐述的无产阶级革命理论的基本原理、基本原则、基本观点提供了大量的基础理论。除此之外,巴黎公社革命也为《哥达纲领批判》的创作和发表提供了非常重要的实践经验。可以说,马克思从巴黎公社革命实践经验中总结出的那些重要的革命原理、革命原则、革命观点,在《哥达纲领批判》中都得到了充分的展现。

1871年,巴黎公社起义成功,工人阶级夺取了政权。巴黎公社是19世纪以来国际工人运动和科学社会主义运动的高峰和总结,同时它也使无产阶级反对资产阶级的斗争进入了一个崭新的历史阶段。巴黎公社吸收和归纳了历次工人运动的经验成果,从以往的民主共和要求、普选权主张及1848年提出的建立"社会共和国"的要求,发展到武装夺取政权,打碎资产阶级的国家机器,建立无产阶级专政,成为19世纪最伟大的社会革命,产生了深远而广泛的影响。巴黎公社运动是世界历史上推翻资产阶级统治、实行无产阶级专政的第一次伟大尝试。为世界无产阶级运动起到示范作用,是马克思主义的伟大实践。巴黎公社的失败告诉我们,仅靠无产阶级自发的阶级觉悟还远远不够,无产阶级争取解放的根本道路,就是进行阶级斗争,走武装起义的道路,必须建立一个以马克思主义理论武装起来的革命政党领导工人运动;无产阶级必须用暴力革命摧毁和打碎资产阶级国家机器;工人阶级不能简单地掌握现成的国家机器,并运用它来达到自己的目的，必须用无产阶级的国家机器代替资产阶级国家机器；关于在无产阶级革命斗争中，出现各种假社会主义和形形色色的假革命者是不可避免的问题，马克思指出：摆脱他们，需要有一段时间，但是公社却没有这段时间，巴黎公社的领导权掌握在这些人手里，这是导致公社失败的重要原因。这也是马克思为什么如此痛恨机会主义者的原因所在。无产阶级革命是社会历史发展的必然，巴黎公社的历史经验教训为其之后的历次无产阶级革命提供了借鉴。

第二节　被误解的马克思？

一、作者马克思简介

卡尔·马克思（1818—1883），马克思主义的奠基人，国际无产阶级的伟大领袖和导师，1818年5月5日出生于德国普鲁士莱茵省特利尔小城的一个犹太籍律师家庭。1835—1841年，先后在波恩大学和柏林大学学习法律。1837年，开始钻研黑格尔哲学，并加入青年黑格尔派的"博士俱乐部"。1841年大学毕业获哲学博士学位。1842年10月—1843年3月，任德国《莱茵报》主编。1843年6月，和燕妮结婚。同年秋，迁居法国巴黎，同卢格合办《德法年鉴》杂志。《德法年鉴》时期马克思发表的一些文章表明他已成为唯物主义者和共产主义者。马克思的两大发现——历史唯

第一章 《哥达纲领批判》批判的是什么

物主义和剩余价值学说,使社会主义从空想变成科学。1847年,马克思同恩格斯一起应邀参加"正义者同盟",并将其改组为"共产主义者同盟"。同年出席共产主义者同盟第二次代表大会,受大会委托,同恩格斯一起起草了同盟纲领,这就是著名的科学社会主义的纲领性文献《共产党宣言》。《共产党宣言》的发表,标志马克思主义的诞生。1848年法国二月革命爆发后,马克思受同盟中央委托,在巴黎筹建新的中央委员会,并当选为同盟主席。同年4月,马克思回德国参加革命。1848年欧洲革命期间,马克思在科伦创办《新莱茵报》。革命失败后,马克思流亡英国伦敦。19世纪五六十年代,在极端困难的条件下,马克思完成了马克思主义经济理论体系,1867年发表《资本论》第一卷;《资本论》第二卷和第三卷由恩格斯于1885年、1894年整理出版。1864年9月国际工人协会即第一国际成立后,马克思被选为总委员会委员,兼任德国通讯书记。马克思为第一国际起草了成立宣言、临时章程和历届代表大会的重要文件,是第一国际的实际领袖和灵魂。1871年巴黎公社革命期间,马克思受第一国际总委员会委托,写作《法兰西内战》,系统地总结了巴黎公社革命的经验教训,发展了马克思主义的无产阶级革命和无产阶级专政理论。马克思晚年致力于帮助各国社会主义政党的成长和人事理论研究。1883年3月14日,马克思病逝于英国伦敦。

二、《哥达纲领》草案与《哥达纲领批判》

（一）《哥达纲领》草案

1863年5月，德国八个城市的工人代表在德国莱比锡成立了全德工人联合会，拉萨尔当选为联合会主席。拉萨尔的机会主义思想写入工人联合会章程，成了全德工人联合会的指导思想。1864年8月，拉萨尔去世，拉萨尔的继承人约翰·施韦泽、哈森克莱维尔等人先后领导全德工人联合会，他们仍然推行拉萨尔主义。1869年8月，德国工人运动的先进分子在德国爱森纳赫城召开代表大会，成立了德国社会民主工党，即德国工人运动的爱森纳赫派。德国在19世纪70年代期间顺利实现了工农业的资本主义化，无产阶级队伍得到了快速发展和壮大，和资产阶级之间的矛盾进一步激化。直到1873年，德国出现了严重的资本主义经济危机，导致阶级矛盾迅速升级。工人阶级更加强烈地反对资本主义剥削，反对俾斯麦的反动政策。为有效打压工人运动，德国政府对工人阶级组织与相关领导人进行迫害。1872年，德国政府借着"叛国罪"对李卜克内西以及倍倍尔进行制裁。面对德国政府的大力迫害，工人们开始意识到团结有多么重要。所以，爱森纳赫派数次提出合并两派的建议，可是该建议并未得到拉萨尔派的同意。直到1875年，德国工人运动的政治组织拉萨尔派和以主张马克思主义为基础的爱森纳赫派进行了合并，1875年5月22—27日，德国工人运动的全德工人联合会和爱森纳赫派两大工人组织选出的代表在德国哥达城召开两派合并代表大会。

第一章 《哥达纲领批判》批判的是什么

对于两派的合并，马克思、恩格斯极为关心和支持，因为合并对整个德国工人运动非常有利。但是，马克思、恩格斯认为，要使合并真正对整个德国工人运动有利，爱森纳赫派必须坚持在科学社会主义原则的基础上同拉萨尔派合并，而决不能作无原则的妥协和让步、决不能"拿原则来做交易"。合并的首要条件是，拉萨尔派放弃机会主义立场，如果拉萨尔派拒绝放弃机会主义的立场和路线，爱森纳赫派就只和拉萨尔派建立临时的组织联系，缔结一个反对共同敌人的行动协定，而不应该急于合并，而是要继续在工人群众中揭发批判拉萨尔派的机会主义思想，进一步争取拉萨尔派的广大成员，使少数坚持拉萨尔机会主义的人更加孤立，为两派在革命原则基础上的统一创造条件。

可是，爱森纳赫派领导人李卜克内西等人听不进马克思、恩格斯的告诫，仍然醉心于同拉萨尔派无原则的和解与合并，他们同拉萨尔派的头目哈赛尔曼共同起草了一个浸透着拉萨尔机会主义的两派合并、组建新党的纲领草案，准备供合并代表大会通过。这个纲领草案就是合并后组建的新党——德国社会主义工人党的党纲，由于合并召开代表大会组建新党是在德国的哥达城进行的，所以，这个党纲被称为《哥达纲领》。

（二）《哥达纲领批判》

马克思、恩格斯看到《哥达纲领》草案后，非常气愤，他们立即给爱森纳赫派的领导人写信，对此纲领草案进行严厉的批判。1875年3月，恩格斯写信给倍倍尔，对纲领草案提出了尖锐批评,指出:"这个连文字也写得干瘪无力的纲领中差不多每一个字都是应当加以批判的。它是这样一种纲领,如果它被通过,马克思和我永远不会承认建立在这种基础上的新党,而且我们一定会非常严肃地考虑,我们将对它采取(而且要公开采取)什么态度。"①1875年5月5日,马克思给威廉·白拉克(爱森纳赫派的创始人和领导人之一)写了信,在信中尖锐地指出,党的纲领是"判定党的运动水平的界碑",而这个合并的纲领却是一个"极其糟糕的、会使党堕落的纲领"②。同时,还寄出了《对德国工人党纲领的几点意见》,对这个会使党趋于堕落的纲领草案逐条、逐段进行批注、批驳,给予拉萨尔主义以彻底的批判和打击。

李卜克内西等人对马克思、恩格斯的正确批判不但不予考虑,而且采取消极抵制态度,拒绝接受意见。他们对《哥达纲领》草案只在个别文字上略加修改就通过了,成为新党——德国社会主义工人党的正式纲领,这就是充满机会主义的《哥达纲领》。

《哥达纲领》发表后,马克思、恩格斯本想发表一个公开声明,说明这个纲领同自己没有任何关系,以表明自己对纲领的原则立场。但是,当时德国的反动派并没有看出《哥达纲领》的机会主义实质,仍然把《哥达纲领》当作工人阶级的产物来看待,并对《哥达纲领》进行攻击;此外,一部分工人也只关心联合,没有看出《哥达纲领》的机会主义性质,仍然把《哥达纲领》中

---

① 中共中央编译局.马克思恩格斯选集(第3卷)[M].北京:人民出版社,1972:31.

② 中共中央编译局.马克思恩格斯选集(第3卷)[M].北京:人民出版社,1972:31.

第一章 《哥达纲领批判》批判的是什么

提出的一些要求当作马克思主义的思想来理解。在这种情况下，马克思、恩格斯为了顾全德国工人运动的大局，为了工人阶级的联合，采取了沉默的态度，没有发表公开声明，马克思寄去的《对德国工人党纲领的几点意见》即《哥达纲领批判》当时也未公之于世。

1891年1月31日，《哥达纲领批判》公开发表在德国党的刊物《新时代》杂志上。此时马克思已经逝世，由恩格斯主持发表。合并事情已经过去了15年，恩格斯为什么还要公开发表《哥达纲领批判》这一历史文献呢？这是由当时形势发展的需要所决定的。

19世纪后期是资本主义发展相对稳定的时期，阶级斗争形势有所缓和，资本主义制度正由自由竞争资本主义向垄断资本主义过渡，资产阶级的统治策略也有所转变，他们把掠夺来的垄断利润的一部分用于收买工人和贵族，培养工人运动中的机会主义分子。因此，当时各国共产党内的右倾机会主义思潮普遍滋长，并有日益发展之势。在德国，普鲁士政府于1890年宣布废除《反社会党人法》，并宣扬实行社会改良的"自由主义"政策。随着统治阶级策略上的改变以及德国社会民主党在国会选举中所获得的一些胜利，党内以福尔马尔为代表的右倾机会主义日益猖狂起来。他们公开吹捧统治阶级社会改良的"自由主义"政策，说什么政府能够"按全体人民的利益办事"，鼓吹可以通过议会道路，和平步入社会主义。

1890年《反社会党人法》废除后，德国社会民主党又开始公开活动，1890年10月，德国社会民主党在哈雷召开党的代表大会，决定起草一个新的党的纲领草案，提交给1891年即将在爱尔福特召开的党的代表大会讨论，以代替原来的党纲即《哥达纲领》。为了反击国际工人运动中和德国社会民主党内的右倾机会主义，使即将在爱尔福特召开的党代表大会能够制定出一个正确的党纲，恩格斯决定公开发表马克思15年前的《哥达纲领批判》，并为此写了序言。他在序言中指出："既然哈雷党代表大会已把《哥达纲领》的讨论提到了党的议事日程，所以我认为，如果我还延迟发表这个有关这次讨论的重要的——也许是最重要的——文件，那我就要犯隐匿罪了。"[①]但恩格斯的正确决定还是遭到德国社会民主党领导人李卜克内西等人的反对和阻挠。恩格斯冲破重重阻力，迫使考茨基（当时党刊《新时代》杂志编辑）于1891年1月31日在《新时代》第1卷第18期发表了马克思《哥达纲领批判》和恩格斯为《哥达纲领批判》写的序言。

《哥达纲领批判》写于1875年4—5月间，当时题目为《对德国工人党纲领的几点意见》，原来题目为《德国工人党纲领批注》，所以，《对德国工人党纲领的几点意见》《德国工人党纲领批注》《哥达纲领批判》是三个不同名称的同一部著作。所谓"哥达纲领批判"就是"对《哥达纲领》的批判"。

《哥达纲领批判》对纲领中所渗入的拉萨尔主义及机会主义路线进行了不留余地的抨击，并由始至终地融合了马克思经济、

---

① 中共中央编译局.马克思恩格斯选集（第3卷）[M].北京：人民出版社，1972：31.

政治、文化及社会等思想。与此同时，对过渡阶段及共产主义社会发展阶段的原理进行了分析和阐述，对国家与民主问题进行了剖析，是科学社会主义的典型代表作，是马克思主义同机会主义斗争的产物，它批判了拉萨尔的机会主义思想，同时也批判了以李卜克内西为代表的爱森纳赫派领导人对拉萨尔派机会主义无原则的妥协让步、拿原则做交易的投降主义思想和行为。《哥达纲领批判》是马克思晚年写作的一部伟大著作，是继《共产党宣言》之后国际共产主义运动的又一部纲领性文献。

三、马克思给威康·白拉克的信

1875年5月22—27日，德国工人运动的拉萨尔派和爱森纳赫派在德国哥达城召开合并代表大会，在合并前的1875年5月5日，马克思给爱森纳赫派创始人、领导人之一威廉·白拉克写了这封信，将信连同对《哥达纲领》草案的批判即《哥达纲领批判》一起送给白拉克，并请白拉克转给盖布、奥艾尔、倍倍尔和李卜克内西过目，然后退还给马克思。

【原文】

亲爱的白拉克：

对合并纲领的下列批评意见，请您阅后转交盖布和奥艾尔、倍倍尔和李卜克内西过目。我工作太忙，已经不得不远远超过医生给我规定的工作时间。所以，写这么多张纸，对我来说决不是一种"享受"。但是，为了使党内的朋友们——而这些意见就是为他们写的——以后不致误解我这方面不得不采取的步骤，这是必要的。这里指的是，在合并大会以后，恩格斯和我将要发表一个简短的声明，声明的内容是：我们和上述原则性纲领毫不相干，我们和它毫无共同之点。

这样做是必要的，因为在国外有一种为党的敌人所热心支持的见解——一种完全荒谬的见解，仿佛我们在这里秘密地领导所谓爱森纳赫党的运动。例如巴枯宁还在他新近出版的一本俄文著作里要我不仅为这个党的所有纲领等等负责，甚至要为李卜克内西自从和人民党合作以来所采取的每一个步骤负责。

此外，我的义务也不容许我即使只用外交式的沉默方式来承认一个我认为极其糟糕的、会使党堕落的纲领。

一步实际运动比一打纲领更重要。所以，既然不可能——而局势也不容许这样做——超过爱森纳赫纲领，那就干脆缔结一个反对共同敌人的行动协定好了。但是，制定一个原则性纲领（应该是把这件事情推迟到由较长时间的共同工作准备好了的时候再做），这就是在全世界面前竖立起一些可供人们用以判定党的运动水平的界碑。

拉萨尔派的领袖们之所以跑来靠拢我们，是因为他们为形势所迫。如果一开始就向他们声明决不会拿原则来做交易，那么他们就只好满足于一个行动纲领或共同行动的组织计划了。可是并没有这样做，反而允许他们拿着委托书来出席，并且自己承认他们的这种委托书是有约束力的，就是说，向那些本身需要援助的人们无条件投降。不仅如此，他们甚至在召开妥协的代表大会以前就召开代表大会，而自己的党却只是在事后才召开自己的代

第一章 《哥达纲领批判》批判的是什么

表大会。人们显然是想杜绝一切批评，不让自己的党有一个深思的机会。大家知道，合并这一事实本身是使工人感到满意的；但是，如果有人以为这种一时的成功不是用过高的代价换来的，那他就错了。

况且，撇开把拉萨尔的信条奉为神圣这一点不谈，这个纲领也是非常糟糕的。

我将在最近把《资本论》法文版的最后几册寄给您。排印工作因法国政府禁止而耽搁了很久。在本星期内或下星期初本书可以印完。前六册您收到了没有？请把哈恩伯特·贝克尔的地址告诉我，我也要给他寄最后几册去。

《人民国家报》出版社有一种特别的习气。例如到现在为止连一本新版的《科伦共产党人案件》也没有给我寄来。

致衷心的问候。

您的卡尔·马克思
1875年5月5日于伦敦

马克思给白拉克的信的意义在于，向爱森纳赫派表明自己对新党纲《哥达纲领》草案的态度，告诫他们"在合并大会以后，恩格斯和我将要发表一个简短的声明，声明的内容是：我们和上述原则性纲领毫不相干，我们和它毫无共同之点"[1]，指出《哥达纲领》草案存在的拉萨尔机会主义的错误，希望他们注意改

---

[1] 中共中央编译局.马克思恩格斯选集（第3卷）[M].北京：人民出版社，1972：3.

正，要用马克思主义而不是用拉萨尔庸俗民主主义、改良主义指导工人运动。

马克思认为，德国社会主义工人党新党纲《哥达纲领》起草太仓促，"制定一个原则性纲领"，"应该是把这件事情推迟到由较长时间的共同工作准备好了的时候再做"，因为制定党纲是一件极其重大严肃的事，"是在全世界面前树立起可供人们用来衡量党的运动水平的里程碑"①。马克思尖锐地指出：《哥达纲领》是一个"极其糟糕的、会使党堕落的纲领"，"把拉萨尔的信条奉为神圣"。另外，爱森纳赫派对待合并也存在策略问题，既然拉萨尔派的领导们为形势所迫，主动跑来靠拢我们，我们应该"一开始就向他们声明决不会拿原则来做交易"，而不是"向那些本身需要援助的人们无条件投降"，这种用过高的代价换来一时的成功是不可取的。

马克思在和威廉·白拉克通信过程中的一系列信件，是《哥达纲领批判》在发表之初就已经随文稿发表的。所以我们可以通过对这封信的解读，更为深入地了解当时马克思在撰写《哥达纲领批判》时的创作背景。《哥达纲领批判》对《哥达纲领》具体逐条地进行了批驳，给予了拉萨尔机会主义以彻底的批判和打击。总之，系统而深入地学习《哥达纲领批判》以及这封信的内容，不仅可以帮助我们更好地了解创作背景，同时对于我们更为深入地领悟马克思的革命精神和宗旨也有着重要的现实意义。

---

① 中共中央编译局.马克思恩格斯选集（第3卷）[M].北京：人民出版社，2012：355.

四、恩格斯写的序言

《哥达纲领批判》在1891年正式发表之后，恩格斯为了表示对本书的支持，专门为其撰写了序言，并将马克思和威廉·白拉克之间的通信附上。同时，在《马克思恩格斯选集》《马克思恩格斯文集》的中文版中，也同样在整理《哥达纲领批判》文稿的过程中将奥古斯特·倍倍尔和恩格斯的通信附印于其后，为我们更好地学习和理解《哥达纲领批判》提供了必要的资料支持。

德国社会主义工人党从成立之日起，先是受杜林主义的困扰，后又受到福尔马尔右倾机会主义和"青年派""左"倾冒险主义的影响。然而，在马克思和恩格斯的关怀、帮助下，德国社会主义工人党击败了各种"左"右倾机会主义错误，提高了党的战斗力。1890年，德国社会主义工人党改名为"德国社会民主党"。同年，德国普鲁士政府宣布废除反社会党人法，德国社会民主党又可以公开活动了。1890年10月，德国社会民主党在哈雷召开代表大会，决定起草一个新的党纲草案，提交1891年即将在爱尔福特召开的党的代表大会讨论，以取代德国社会主义工人党原来的党纲即《哥达纲领》。为了反击国际工人运动中和德国社会主义工人党内的各种"左"右倾机会主义，使即将在爱尔福特召开的党的代表大会能够制定出一个正确的党纲，恩格斯决定公开发表15年前马克思的《哥达纲领批判》，并为马克思《哥达纲领批判》写了此序言。

解读《哥达纲领批判》

【原文】

这里刊印的手稿——对纲领草案的批判以及给白拉克的附信——曾于1875年哥达合并代表大会召开以前不久寄给白拉克,请他转给盖布、奥尔、倍倍尔和李卜克内西过目,然后退还马克思。既然哈雷党代表大会已把关于哥达纲领的讨论提到了党的议事日程,所以我认为,如果我还不发表这个与这次讨论有关的重要的——也许是最重要的——文件,那我就要犯隐匿罪了。

但是,这个手稿还有另外的和更广泛的意义。其中第一次明确而有力地表明了马克思对拉萨尔开始从事鼓动工作以来所采取的方针的态度,而且既涉及拉萨尔的经济学原理,也涉及他的策略。

这里用以剖析纲领草案的那种无情的尖锐性,用来表述得出的结论和揭露草案缺点的那种严厉性,——这一切在15年以后的今天再也不会伤害任何人了。地道的拉萨尔分子只是还有个别的残余存在在国外,而哥达纲领甚至也被它的那些制定者在哈雷当作完全不能令人满意的东西放弃了。

虽然如此,我还是在内容不受影响的地方,把一些涉及个人的尖锐的词句和评语删掉了,而用省略号来代替。如果马克思今天发表这个手稿,他自己也会这样做的。手稿中有些地方语气很激烈,这是由下述两种情况引起的:第一,马克思和我同德国运动的关系,比同其他任何一国运动的关系都更为密切;因此这个纲领草案中所表现的明显的退步,不能不使我们感到特别愤慨。第二,那时国际海牙代表大会闭幕才两年,我们正在同巴枯宁和他的无政府主义派进行最激烈的斗争,他们要我们对德国工人运

第一章 《哥达纲领批判》批判的是什么

动中发生的一切负责;因而我们不得不预先想到,他们也会把我们说成是这个纲领的秘密制定者。这些顾虑现在已经消失,保留有关词句的必要性也就随之消失。

还由于新闻出版法的缘故,有些语句也只用省略号暗示出来。在我不得不选用比较缓和的说法的地方,加上了方括号。其他地方都按手稿付印。

弗·恩格斯

1891年1月6日于伦敦

恩格斯写此序言的目的有二:一是为了使德国社会民主党能够起草一个正确的党纲,以取代原来的党纲——《哥达纲领》,"既然哈雷党代表大会已把哥达纲领的讨论提到了党的议事日程,所以我认为,如果我还延迟发表这个有关这次讨论的重要的——也许是最重要的——文件,那我就要犯隐匿罪了"①。二是"第一次明确而坚定地表明了马克思对拉萨尔从他开始从事鼓动工作起就采取的方针的态度,并且既表明了对拉萨尔的政治经济学原则的态度,也表明了对他的策略的态度"②。马克思、恩格斯为了顾全德国工人运动的大局,为了德国工人阶级的联合,没有把对《哥达纲领》的批判公开,而是采取了沉默的态度,没有发表公开声明,马克思的《哥达纲领批判》并未公之于世。

---

① 中共中央编译局. 马克思恩格斯选集(第3卷)[M]. 北京:人民出版社,1972:1.
② 中共中央编译局. 马克思恩格斯选集(第3卷)[M]. 北京:人民出版社,1972:1.

在序言中，恩格斯指出了马克思《哥达纲领批判》剖析《哥达纲领》草案的那种无情批判的尖锐性，并说明其尖锐性的两个原因：一是马克思、恩格斯与德国工人运动的关系，比与其他任何一国工人运动的关系都更为亲切，因此，这个纲领草案所表现出的断然退步，使马克思、恩格斯感到特别气愤；第二，由于马克思、恩格斯与德国工人运动的密切关系，巴枯宁及其无政府主义者把德国工人运动中发生的拉萨尔主义错误归咎于马克思、恩格斯，因而马克思、恩格斯顾虑，巴枯宁及其无政府主义者会诬指马克思、恩格斯是这个纲领的秘密创作者。

第三节 《哥达纲领批判》的大智慧

一、逻辑结构

《哥达纲领批判》全文共分四章，主要内容集中在第一章和第四章，这两章应是学习的重点，特别是第一章第三节关于分配问题的论述。下面分别简要介绍各章：

在第一章里，马克思逐条剖析了《哥达纲领》草案第一部分的五个条文，着重批判它鼓吹拉萨尔主义分配观点的错误，第一次阐明共产主义社会两个发展阶段的原理，并具体阐明社会主义时期的分配原则。

第一条，马克思批判了《哥达纲领》草案中"劳动是一切财富和一切文化的源泉""有益的劳动只有在社会中和通过社会才

第一章 《哥达纲领批判》批判的是什么

是可能的"的错误观点,进而批判他的结论:"劳动所得应当不折不扣和按照平等的权利属于社会一切成员。"马克思一针见血地指出,"劳动不是一切财富的源泉",劳动只有在具备了相应的劳动对象和劳动工具的条件下进行,才能创造出财富。资产阶级为了掩盖资本主义的剥削,避而不谈生产资料这一先决条件,实际上是让工人阶级在不触动资产阶级生产资料私有制的前提下进行革命。

第二条,揭露《哥达纲领》"仅仅攻击资本家阶级,而不攻击土地所有者"的改良主义。马克思认为纲领带有很大的局限性,仅仅反对拥有生产资料的资产阶级,而忽略或掩盖了地主阶级对广大劳动人民的剥削和奴役,马克思用非常通俗的语言来形容其是"半截子"革命。在马克思看来,资本家和地主阶级对劳动资料具有完全占有权,在其观点中指出资本垄断的基础就是土地垄断。由此可见,拉萨尔的观点避开了对贵族地主阶级的理论攻击,而是仅仅发起了对资本家阶级的攻击,显然带有很大的片面性和局限性。对于爱森纳赫一派来讲,不惜以原则作为交易的筹码,从而顺理成章地对拉萨尔的观点予以接受,实际是对机会主义的妥协。

第三条,批判了《哥达纲领》关于生产资料所有制与分配关系的错误,科学地论证了共产主义第一阶段——社会主义社会的总产品和个人消费品的分配原则。马克思针对关于生产资料所有制与分配的相互关系问题上的错误,提出了社会总产品的分配原理,并区分了共产主义不同发展阶段的分配原则。在此系统地阐述了社会主义社会的总产品和个人消费品的分配原则,即按劳分配的原则。

第四条,批判《哥达纲领》诬蔑农民是"反动的一帮",阐明了农民是无产阶级的可靠同盟军。马克思尖锐地指出,在《哥达纲领》中对农民的污蔑实质上真实的目的在于服务于地主贵族阶级的政权统治,其主要目的是统治阶级用来粉饰和标榜自身统治正义性的政治工具而已。马克思、恩格斯认为在旷日持久的阶级斗争中,农民阶级和工人阶级将会建立牢固的革命联盟,对于工人阶级来讲,农民是最为可靠的同盟军。

第五条,批判《哥达纲领》中散布的资产阶级狭隘民族主义,阐明了无产阶级的国际主义思想。《哥达纲领》中提及的"各民族的国际的兄弟联合"是从资产阶级的和平和自由同盟那里抄袭得来的,难以掩盖其狭隘资产阶级民族主义的实质。而无产阶级早已经通过《共产党宣言》将政治行动纲领传播到全世界。通过《共产党宣言》早已经可以看出,没有全世界的最广大无产阶级的广泛的联合和支持,无产阶级不可能取得最终的胜利。在法国,巴黎公社失败的教训告诉我们,缺乏广泛的无产阶级的支持,革命最终是要失败的,因此必须加强各无产阶级的联合。

在第二章里,马克思批判了拉萨尔"铁的工资规律"实质是与马尔萨斯人口论一脉相承的庸俗工资理论,重新阐述了马克思《资本论》中的工资理论和剩余价值学说,指出生产资料私有制、雇佣劳动制度才是无产阶级贫困化的深刻根源。

第一章 《哥达纲领批判》批判的是什么

在第三章里,马克思批判了拉萨尔依靠现存"国家帮助"建立生产合作社的幻想,指出只有无产阶级的阶级斗争才能建立新社会。马克思对拉萨尔指望国家帮助以此建立合作社这一观点进行了批判,马克思认为,一方面,生产合作社存在于资本主义社会之中,由此而产生社会主义是妄想。另一方面,立足无产阶级角度看,依靠国家帮助建立社会主义根本不可能。这种观点不过是拉萨尔要将阶级运动推向宗派运动的借口,可以看成是一次巨大的政治阴谋。旨在缓解当时工人阶级和贵族地主阶级的社会矛盾,是要把工人运动"从阶级运动的立场完全退到宗派运动的立场"[1]。因此,拉萨尔的观点显然是不可取的。

在第四章里,马克思批判了《哥达纲领》争取"自由国家"的资产阶级民主要求,指出用合法手段斗争、向现存国家提要求,是庸俗民主主义的废话、幻想。马克思认为不能将无产阶级的斗争目的仅仅停留在建立"自由国家"上面。从一定程度上来讲,所谓的国家无非是一个阶级镇压和管理另一个阶级的组织形式,因此,对于国家当中的部分成员是自由的,而对于另一部分人来讲就会相对被剥夺其自由。马克思的理论观点深刻地批判了《哥达纲领》中将建立"自由国家"作为阶级斗争的革命目的,在这一草案中并没有论述未来国家组织形式和无产阶级专政,这是严重错误的。

---

[1] 中共中央编译局. 马克思恩格斯选集(第3卷)[M]. 北京:人民出版社,2012:372.

二、主要思想观点

《哥达纲领批判》的主要思想观点有如下18个：

1. 铲除资本主义私有制这个社会祸害；

2. 无产阶级革命首要任务是推翻专制制度；

3. 共产主义分初级、高级两个阶段；

4. 过渡时期理论；

5. 社会主义按劳分配原则；

6. 共产主义按需分配原则；

7. 所有制形式决定分配形式；

8. 工农联盟是社会主义革命胜利的决定性条件；

9. 必须加强无产阶级的国际主义；

10. "铁的工资规律"是与马尔萨斯人口论一脉相承的庸俗工资理论；

11. 工资是劳动力价值的掩盖形式；

12. 雇佣劳动是无产阶级贫困化的根源；

13. 社会主义只能来自社会革命；

14. 无产阶级的阶级斗争才能建设一个新社会；

15. 国家的阶级本质；

16. 无产阶级的革命专政；

17. 资本主义国家不是千年王国；

18. 资本主义最后的国家形式阶级斗争将进行最后的决战。

第二章　共产主义从来都不是一蹴而就的

在《哥达纲领批判》的第一章，马克思把《哥达纲领》草案第一部分中的五个条文分别引其原文，然后进行逐条剖析、批判。这一章马克思着重批判了《哥达纲领》草案空谈"劳动"和"社会"的机会主义观点，第一次提出关于共产主义两个发展阶段的学说；批判了《哥达纲领》草案关于生产资料所有制与分配关系上的错误观点，阐明了社会主义阶段社会总产品和个人消费品的按劳分配原则。下面，我们把马克思对《哥达纲领》第一部分的五条批判分为五节来具体解读。

第一节　资本主义私有制才是一切问题的症结

一、空谈"劳动"和"社会"

【原文】

1. "劳动是一切财富和一切文化的源泉，而因为有益的劳动只有在社会中和通过社会才是可能的，所以劳动所得应当不折不扣和按照平等的权利属于社会一切成员。"

本段第一部分："劳动是一切财富和一切文化的源泉。"

劳动不是一切财富的源泉。自然界同劳动一样也是使用价值（而物质财富就是由使用价值构成的！）的源泉，劳动本身不过是一种自然力即人的劳动力的表现。

人真正能与自然界区别开来，不是因其思想，而是因其行动，其开端是人类开始生产自己的生活材料之时。因此，只要人存在，那么自然和人就彼此制约。人类的活动都是在自然发生变更的基础上发出的。人类通过劳动不仅生产自己的生活资料还生产自身的物质生活。人类在物质生产和人的交往前提下，使各民族和人类社会在各民族间、社会内部间因生产力、分工、交往的不同，而呈现出不同类型所有制的社会。在这之中，核心是因物质生产力的不同而导致各民族、国家的分工发展的程度不同，正是因为人类社会在各个阶段因分工发展的不同，从而导致了人类社会的不同所有制形式的出现。而社会结构和国家的完善、变动总是以一定的方式进行生产活动过程中的一定的个人中产生的。人类在劳动中发展着自己的物质生产和物质交往，在改变自己本身的同时也改变着自己的思维和思维的产物。意识在任何时候都只能是被意识到了的存在，而人们的存在就是他们的现实生活过程。因此，人类终于在思辨终止的地方，在现实生活面前，真正诞生出了具有描述人类实践活动和实际发展过程的实证科学。意识终将从"天国回到人间"，人类在劳动的现实世界里实现了哲学和人真正的解放。人类要实现真正的自我解放，就必须使人类

第二章 共产主义从来都不是一蹴而就的

在劳动中得到质和量方面的充分保证，否则人类就根本不可能获得属于自身的解放。"解放"不是思想活动而是一种历史活动，资本主义私有制下的人的"解放"不过是徒有其表的词句"解放"而已。因为它根本没从现实世界出发，并在实际生产活动中颠倒了人对现存世界的认识。正如费尔巴哈设定的是"人"，而不是"现实的历史的人"。

人类社会的感性世界绝不是"眼前"的东西的直观，它应该是历史的产物，是人类一代又一代活动的结果，这其中每一代都是在前代的基础上继续发展和交往的结果，在这之中，它不仅改变了人的交往方式更改变了人类的社会制度。因此，一切想当然的"感性存在"不是人的思维意识的认识，而是人在劳动中对人和社会的能动的认识。人类的历史无论是在劳动中生产自己的生命还是在生育中繁衍他人的生命，这都无不表现出人的双重性：一方面是人的自然关系，另一方面是人的社会关系；而人在社会关系中因交往的因缘而彼此聚合，在共同的劳动生产条件下，不管是以什么方式和什么目的。最终，社会的发展程度总是和一定的生产方式或一定的工业发展水平以及一定的劳动方式相联系。因此，"人类的历史活动"始终是同人类的劳动和交换的历史相联系，而这种联系从一开始就和人的物质劳动密不可分。这是因为这种联系不但采取新的劳动形式，还与人本身的历史具有长久的联系。凡是有某种关系存在的地方，这种关系都是为人而存在的。因为，只有人才会对自然发生"关系"而动物只是处于"关系"

之中。人在分工的基础上将人的物质劳动和精神劳动分离出来,①使分工真正具有了实际意义,而人类在劳动的推动下又进一步地将意识现实化。人类在分工劳动中将原先人的意识思维之物真正实现,人类在这时才摆脱了意识世界的纯构造之物。人类在分工的劳动中不仅使精神活动和物质活动,还使个人的享受和劳动,更让社会生产和消费由不同的人类承担变成可能,成为现实。

分工和劳动虽然孕育着人类社会的进步,但要实现人的彻底解放,消灭人类社会的分工是不言而喻的。因为分工是以家庭中自然形成的分工和以社会分裂为单个的、互相对立的家庭为基础,故在分工中包含着人类社会一切固有的矛盾。而随着分工而来的是分配,而且是劳动及其产品的不平等分配。虽然资本主义社会人类的生产力达到了人类社会的空前规模,但在这之中,人并没有获得平等分配(无论是数量上还是质量上的分配)。这表明所有制的萌芽从一开始,就诞生于家庭之中,在那里妻子和儿女只不过是丈夫(家庭)的奴隶而已。虽然这只是最初的所有制,但它依然符合现代意义上的所有制定义,即所有制是对他人劳动力的支配。而随着分工的发展,单个人的利益或单个家庭的利益逐步演化成为所有互相交往的个人的共同利益间的矛盾。正是因其特殊利益和共同利益的矛盾,才导致共同利益采取国家这种与单个利益和全体利益都相迥异的独立形式。至此,人类采取了虚幻的共同体的形式,而这一共同体始终建立在每一个家庭集

---

① 人类在分工的意义上使自己真正成为具有"类存在"的意义,即人是具有二重性的。它不仅是肉体上的,还具有精神意义上的含义。

第二章 共产主义从来都不是一蹴而就的

团或部落集团中现有的骨肉联系、语言联系、较大规模的分工联系以及其他利益的联系的现实基础上，并且这一共同体是在由此而发展出的以分工来决定阶级的基础上产生的，这些阶级是通过每一个这样的人群分离开来的，其中一个阶级统治着其他一切阶级。从中我们可以看出，国家内部的一切斗争，不过是一些虚幻的形式，而每一个力图取得统治的阶级，其核心就是将自己的利益说成是普遍的利益。但这是因为这所谓的共同利益是与人的普遍利益不相符的，因此，这种共同利益人们只会认为是异己的且不依赖于他们的，只不过是一种特殊的独特的"普遍利益"而已。因此，必须对国家这种虚幻的普遍利益进行实际的干涉和约束。人的劳动异己化和社会活动的固定化，导致人类的物质力量不再受人本身的控制，使人陷入自我异化之中，这是迄今为止资产阶级私有制给整个人类社会带来的最大的困惑与伤害。

如何打破人与人、人与社会、人与自然之间的固化，就必须从人的现实历史出发，从物质实践出发解释各种观念形态，①而不是从人自身的观念出发来解释实践和人类社会。人只有在现实生活中是自己的真正实践的"想象"，"观念"变成一种支配和决定这些人的实践的唯一起决定作用的积极的力量。

【原文】
现在不管这句话有什么毛病，我们且把它放在一边。那么结

---

① 这无不表明，一切关于人类现实解放的词句的全部含义，都来自于现存的现实关系。要真正消除人们意识中关于"劳动""社会"的虚幻观念，必须要靠改变的实践环境来实现而不是靠所谓的理论上的演绎来实现。

论应当怎样呢？显然应当是：

"因为劳动是一切财富的源泉，所以社会中的任何人不占有劳动产品就不能占有财富。因此，如果他自己不劳动，他就是靠别人的劳动生活，而且也是靠别人的劳动获得自己的文化。"

可是并没有这样做，反而借助于"而因为"这样的字眼硬接上第二句话，以便从第二句，而不是从第一句作出结论来。

本段第二部分："有益的劳动只有在社会中和通过社会才是可能的。"

按照第一句话，劳动是一切财富和一切文化的源泉，就是说，任何社会都不能离开劳动。相反，我们现在却看到，任何"有益的"劳动都不能离开社会。

那么同样可以说，只有在社会中，无益的、甚至有损公益的劳动才能成为一种行业，只有在社会中才能游手好闲过日子，如此等等，——一句话，可以抄袭卢梭的全部著作了。

而什么是"有益的"劳动呢？那只能是产生预期的有益结果的劳动。一个蒙昧人（而人在他已不再是猿以后就是蒙昧人）用石头击毙野兽、采集果实等等，就是进行"有益的"劳动。

第三，结论："而因为有益的劳动只有在社会中和通过社会才是可能的，所以劳动所得应当不折不扣和按照平等的权利属于社会一切成员。"

多妙的结论！既然有益的劳动只有在社会中和通过社会才是可能的，劳动所得就应当属于社会，其中只有不必用来维持劳动"条件"即维持社会的那一部分，才归各个劳动者所得。

第二章　共产主义从来都不是一蹴而就的

事实上，这个论点在一切时代都被当时的社会制度的先驱提出过。首先要满足政府以及依附于它的各个方面的要求，因为政府是维持社会秩序的社会机关；其次要满足各种私有者的要求，因为各种私有财产是社会的基础，如此等等。你们看，这些空洞的词句是随便怎么摆弄都可以的。

马克思首先引用《哥达纲领》草案第一部分中五个条文的第一条原文。第一条原文共三句话：

第一句："劳动是一切财富和一切文化的源泉。"

第二句："有益的劳动只有在社会中和通过社会才是可能的。"

第三句："劳动所得应当不折不扣和按照平等的权利属于社会一切成员。"

然后，马克思对这三句话进行逐句批判。

《哥达纲领》草案中写道："劳动是一切财富和一切文化的源泉。"对此，马克思针锋相对、一针见血地指出："劳动不是一切财富的源泉。自然界同劳动一样也是使用价值的源泉。"自然界如土地、矿山等也是财富源泉，人的劳动只有在具备了相应的劳动对象和生产工具的条件下进行，才能创造出财富。生产力中包括劳动者、劳动工具、劳动对象三要素，缺少其中一个要素，就不能形成现实的生产力，创造出财富。因为孤立的劳动在缺乏必备的物质条件时，它即使能创造出使用价值，但其也不能创造财富，更不能创造文化。因此，马克思认为劳动产品的创造，是劳动者运用和改造生产资料的物质交换过程。人在生产中只能像自然本身那样发挥作用，简而言之，只能改变物质的形态。不仅如此，人们在这种改变形态的劳动中还必须借助自然力作为中介，才能获得成功。因此，劳动并不是它所产生的使用价值即物质财富的唯一源泉。正如威廉·配第所言："劳动是财富之父，土地是财富之母。"而拉萨尔关于劳动所有权的理论，只不过是仅仅只看到了劳动者在社会财富创造过程中的作用，而忽视了生产资料的作用。而在人类历史迄今为止，发展的任一社会形态中，生产资料从来未完全共有或是无主的，恰恰相反，它总是被某一个阶级所牢牢掌控着。而往往掌握着生产资料的阶级，不仅在生产中处于主导地位，在全社会的劳动产品和社会财富分配中也牢牢贯彻着这一阶级的意志和要求。无可辩驳的是，掌握了生产资料的阶级就掌握了其他阶级的命运。正如马克思所言："一个除自己的劳动力以外没有任何其他财产的人，在任何社会的和文化的状态中，都不得为另一些已经成了劳动的物质条件的所有者的人做奴隶，他只有得到他们的允许才能劳动，因而只有得到他们的允许才能生存。"因此，要想真正解决工人平等劳动的问题，只有彻底铲除资本主义私有制才可以实现。正是在这个意义上，马克思才批判了劳动所有权的观点。换言之，马克思之所以将劳动与生产资料、自然哲理并列，不是抹杀劳动对人类的创造性作用，而是要促使人们深刻意识到生产资料在社会中的基础性作用，使人们真正意识到生产资料所有制对人类社会的深刻改变。唯其如此，才能深刻把握资本主义社会的内在机理和社会运作方式，从而谨慎揭示出资本主义的必然命运，进而真正找到

第二章　共产主义从来都不是一蹴而就的

全人类得以解放的现实道路。

物质财富本身是由使用价值构成的，而人要生产某种使用价值，必须有客观物质的劳动资料（主要是生产工具）和劳动对象（原材料），因为人不能凭空创造，而这些客观物质的劳动资料和劳动对象来自自然界，是大自然提供的，所以，生产某种使用价值离不开自然界，也就是生产某种使用价值必须具有自然物质条件。人只有同一定的生产资料相结合，才能生产出使用价值，才是财富的源泉。进行生产，创造财富，形成现实的生产力，劳动者、劳动资料、劳动对象三要素缺一不可。

而劳动者要同生产资料相结合，首先就必须以占有者的身份出现，即必须成为生产资料的所有者。只有这时，"他的劳动才成为使用价值的源泉，因而也成为财富的源泉"。而《哥达纲领》草案却避而不谈生产资料所有制这一创造财富的先决条件，避开资本家占有生产资料剥削工人，工人一无所有，只能靠出卖劳动力维持生存的实质性问题，空谈"劳动是一切财富的源泉"，这实质上是掩盖了资本主义制度和一切私有制社会的剥削实质。上述问题，实质上涉及了保留私有制还是消灭私有制的问题。

《哥达纲领》鼓吹劳动是一切财富的源泉，硬把劳动说成是超自然的创造力量，似乎劳动者不必占有生产资料就可以创造财富。这实际上是让工人阶级在不触动生产资料私有制的前提下进行革命，结果如何，可想而知。所以，《哥达纲领》草案的前提就是错误的。前提的错误，必然导致结论的错误，这是不言而喻的。

按照《哥达纲领》草案"劳动是一切财富和一切文化的源

泉"这个前提，推出的结论就应该是："因为劳动是一切财富的源泉，所以社会中的任何人不占有劳动产品就不能占有财富。因此，如果他自己不劳动，他就是靠别人的劳动生活，而且也是靠别人的劳动获得自己的文化。"这段话的意思是说，资本家不劳动，那么，资本家的财富和文化就都是靠工人阶级的劳动获得的。马克思认为，劳动是一切财富的源泉这句话是有缺点的，我们先不管这句话的缺点，我们从这句话合理地推出：资本主义社会，财富和文化都是靠工人阶级创造的。这样的结论无疑是在批判资本家不劳而获，阐明工人阶级的伟大作用的。然而，《哥达纲领》并没有这样做，没有推出这个结论。反而接下来借助"而因为"这种暧昧的字眼添上第二句话："有益的劳动只有在社会中和通过社会才是可能的。"

由此，马克思又开始剖析第二句话。马克思认为第二句话是无意义的废话。所谓"有益的"劳动，只不过是能产生预期效果的劳动。比如，一个蒙昧人用石头击毙野兽、采集果实等，就是进行"有益的"劳动。劳动就人本身而言，是无所谓"有益的"还是"无益的"。同时，劳动当然是在社会里和通过社会才是可能进行的。

从第二句，《哥达纲领》推出第三句话的结论来。"因为有益的劳动只有在社会中和通过社会才是可能的，所以劳动所得应当不折不扣和按照平等的权利属于社会一切成员。"马克思讽刺，这是一个"多妙的结论"！即使有益的劳动只有在社会里和通过社会才是可能的，也推导不出"所以劳动所得应当不折不扣和按照平等的权利属于社会一切成员"这个结论来。因为对"不折不扣""按照平等的权利",政府、资本家、工人阶级会有完全不同的理解。马克思指出,"劳动所得应当不折不扣和按照平等的权利属于社会一切成员"这个论点在一切时代都被当时的社会制度的捍卫者所承认。国家政府认为,劳动所得首先要满足国家政府方面以及依附于它的各个方面的要求,因为政府是维持社会秩序的公共机关,既然劳动只有在社会里和通过社会才是可能的,而国家政府作为必不可少的维持社会秩序的社会机关,就理所当然应该分得"劳动所得";资本家认为,生产资料、厂房、设备、各种私有财产是社会生产的基础,是社会劳动必不可少的生产条件,所以,"劳动所得"要满足我们资本家各种私有财产方面的要求。如此等等。你们看,对"不折不扣""平等"从来就是不同的阶级有不同的理解。"劳动所得应当不折不扣和按照平等的权利属于社会一切成员"实际上是一个无法实现的幻想,"平等"是相对的,绝对的平等不用说在资本主义社会,即使在未来社会也很难实现。对于"平等"这个问题,马克思在第一章第三节社会主义"按劳分配"原则时还有深刻的论述。

二、创造社会财富的物质条件和生产资料所有制

【原文】

上面那句话在一切儿童识字课本里都可以找到,并且在劳动具备相应的对象和资料的前提下是正确的。可是,一个社会主义的纲领不应当容许这种资产阶级的说法回避那些唯一使这种说法

具有意义的条件。只有一个人一开始就以所有者的身份来对待自然界这个一切劳动资料和劳动对象的第一源泉,把自然界当做属于他的东西来处置,他的劳动才成为使用价值的源泉,因而也成为财富的源泉。资产者有很充分的理由硬给劳动加上一种超自然的创造力,因为正是由于劳动的自然制约性产生出如下的情况:一个除自己的劳动力以外没有任何其他财产的人,在任何社会的和文化的状态中,都不得不为另一些已经成了劳动的物质条件的所有者的人做奴隶。他只有得到他们的允许才能劳动,因而只有得到他们的允许才能生存。

诚然,"劳动是一切财富和一切文化的源泉",这表明工人作为出卖自己劳动力外而一无所有的人,他们的劳动是光荣的,但是,工人的劳动得以实现是需要条件的,他的劳动受制于自然,因为工人没有"超自然的创造力",工人劳动必须具备相应的劳动对象和生产资料,否则劳动无法进行。可是在资本主义社会,工人作为"除自己的劳动力外没有任何其他财产的人",所以,他们不得不为占有劳动的物质条件的他人——资本家做奴隶。他只有得到他人——资本家的允许才能劳动。因而资本家的允许是他们得以生存的前提,不然工人就会因失业而流落街头,无法生存。在资本主义条件下工人的劳动是"异化的"[①],他们

[①] 马克思之所以论述异化劳动,是因为他认为生产劳动构成人的本质规定,其异化劳动理论的预设是从人"自觉自愿的活动"为前提的,即从人与动物的区别抽象出人的本质,把这种非现实的抽象预设作为异化劳动理论的前提,进而阐述了资本主义条件下的劳动与抽象意义上的人的本质是相异化的。

第二章　共产主义从来都不是一蹴而就的

只不过是资本家的奴隶，为资本家当牛做马，受尽剥削和压迫，这是他们唯一的谋生手段。尽管如此，工人也只有在得到资本家的允许才能被雇佣劳动，因此他们连成为"人"的权利都被资本家剥夺了。因为资本家占有物质生产资料和生产条件，所以如果你不能为他创造价值，那么，你将连你的劳动资格和生存条件也一并被剥夺。

"劳动是一切财富和一切文化的源泉"是轻巧、美丽的"资产阶级的说法"，实际上，劳动在工人那里完全是另外一番景象，在资本主义条件下，工人的劳动是异化劳动，对此，马克思早在《1844年经济学哲学手稿》（以下简称《手稿》）中就指出，在资本主义条件下，工人的劳动不是作为人的劳动，而是异化劳动。资本主义条件下，工人的劳动产品不归工人占有，对象化表现为对象的丧失和被对象奴役。工人连自己的生命都投入到对象中去，使自己的生命都被异化，而不属于工人自己了。工人生产产品越多，异己的力量越大，工人受的剥削越重，归工人的东西越少。劳动产品对工人来说是异己的力量在剥削工人。生产商品越多，工人自身越变成廉价的商品，物增值，人贬值。劳动产品——劳动的对象作为异己的力量与劳动者相对立，工人与劳动产品的关系是工人与异己对象的关系。

在资本主义条件下，工人的劳动异化不仅表现在劳动结果上，而且表现在劳动活动中。劳动产品的异化，劳动产品不属于劳动者，劳动产品不归工人所有，必然导致劳动活动的异化。在《手稿》中马克思讲，劳动活动对工人来说是外在的东西，不属于他的本质的东西，工人在劳动中不是肯定自己，而是否定自己；不是幸福，而是感到不幸；不是自由地发挥自己的肉体力量和精神力量，而是肉体的折磨、精神的摧残。劳动不舒畅、不自在，工人的劳动不是自愿的，而是被迫、强制、自我折磨，不强迫时工人就会像逃避瘟疫一样逃避劳动。因为劳动不属于工人，工人在劳动中也不属于自己，而属于别人——资本家。这种活动是工人自身的丧失。结果出现这样的现象：人在实现自己动物机能——食欲、性欲时是幸福的、自由的人，是自己；在劳动、实现人的类本质、成为人时，反而感觉自己是动物，是当牛做马，即资本主义社会使"动物的东西成为人的东西，而人的东西成为动物的东西"①。

在资本主义条件下，工人的劳动是异己的，正因为他是属于别人的。正是由于工人的劳动生产出与劳动格格不入的、站在劳动之外的人——资本家与劳动的关系。工人劳动生产出不劳动的资本家，这就造成了人与自身（人的类本质）相对立的同时，人——工人也同他人——资本家相对立。工人的劳动产品、劳动活动不属于自己，那它就属于别人，属于不劳动的资本家阶级，劳动的工人受不劳动的资本家的奴役、剥削、压迫。

所以，马克思指出，要谈"劳动是一切财富和一切文化的源泉"，就不能"回避那些唯一使这种说法具有意义的条件。只有一个人一开始就以所有者的身份来对待自然界这个一切劳动资料

---

① 中共中央编译局.马克思恩格斯选集（第1卷）[M].北京：人民出版社，1995：44.

和劳动对象的第一源泉"。资本主义条件下，工人不是劳动资料的所有者，工人无法把自然界当作属于他的东西来处置，因而他无法劳动，无法创造财富。要谈创造财富和文化，首要的问题是解决创造社会财富的物质条件和生产资料的所有制问题，这才是问题的关键之所在。

三、劳动的社会性

【原文】

本段第一和第二两部分只有像下面这样说才能有些合乎情理的联系：

"劳动只有作为社会的劳动"，或者换个说法，"只有在社会中和通过社会"，"才能成为财富和文化的源泉"。

这个论点无可争辩地是正确的，因为孤立的劳动（假定它的物质条件是具备的）即使能创造使用价值，也既不能创造财富，又不能创造文化。

马克思为了进一步批判纲领草案避开创造社会财富的物质条件和生产资料所有制，空泛谈论"劳动"和"社会"的错误，还提出了两个重要观点：

第一，劳动是社会的劳动，马克思在这里强调创造财富的劳动的社会性。人们进行物质资料生产，创造物质财富并不是单个人孤立进行的，而是在结成一定的社会关系条件下，以团体组织为单位进行的，是在一定的生产资料所有制条件下进行的。事实上，完全孤立的劳动是不存在的，人是群居、社会的动物，人类的祖先——原始人一开始就是以氏族部落形式共同生活、面对自然的。氏族部落发展形成国家，从奴隶制国家到封建地主阶级国家再到资产阶级国家。即使在现实生活中，所谓的单个人的劳动，也只不过是在社会大分工下的社会性劳动，因为，他的土地、厂房、资金、设备可能不是他自己的，是社会以一定的所有制方式提供给他的；即使土地、厂房、资金、设备完全是他自己的，那么，他的劳动产品可能是作为商品出卖提供给全社会成员的；即使他的劳动产品不是提供给全社会，而是自给自足，那他的劳动技能的获得也是通过社会遗传的；再者，他的语言，他的思想，他的思维方式、行为方式无一不是通过社会遗传获得。因此，劳动总是社会的劳动。

第二，社会的劳动"才能成为财富和文化的源泉"。一方面，只有社会的劳动，才能创造财富。社会劳动是在结成一定的社会关系条件下，以团体组织为单位进行的，是在一定的生产资料所有制条件下进行的，社会劳动实现了人与生产资料的结合，即实现了劳动者和劳动资料、劳动对象的结合，从而形成了现实的生产力，生产出使用价值，创造出社会物质财富。

另一方面，只有社会劳动才能成为文化的源泉。因为只有人们之间组成社会群体的社会性劳动，才有文化的传承、交流与发展。从人类语言的产生就可以证明这一点，在原始社会，原始人共同的劳动要求相互帮助、配合、协作，这时就迫使原始人要发出信号、声音，到了有些什么非说不可的地步就产生了语言，恩格斯说:"语言是思维的物质外壳。"随着共同的劳动和语言,同时,人们的思维发展起来,人类的文化也发展起来。

四、劳动和社会的阶级分析

【原文】

但是另一个论点也是同样无可争辩的:

"随着劳动的社会性的发展,以及由此而来的劳动之成为财富和文化的源泉,劳动者方面的贫穷和愚昧、非劳动者方面的财富和文化也发展起来。"

这是直到目前的全部历史的规律。

随着生产的发展、社会的进步,社会分工越来越精细、越来越发达,每一个工人只完成一项工作的一个环节、一个步骤、一个部分。分工越精细,劳动越需要互相协作、互相配合,劳动的社会联系也越紧密、越不可或缺,因而也越来越广泛,劳动生产率也日益提高,创造的社会财富也日益增多。但是在剥削者——资本家占有生产资料,劳动者被剥夺了生产资料的资本主义社会,劳动者虽然以自己的劳动创造了社会财富,但他们所创造财富的大部分却为剥削者——资本家所占有,因而剥削者——资本家的财富越来越发展,劳动者则愈来愈贫穷,即劳动创造财富,而创造财富的劳动者——工人却没有财富,越来越贫穷;不劳动的资本家反倒占有财富,越来越富有。劳动是文化的源泉,但是劳动者反倒没有文化,越来越愚昧,工人经济上的贫穷使他们的子女没有条件接受良好的甚至是基本的教育，有的孩子被迫成为童工，负担家庭经济重担；非劳动者——资本家反倒占有文化。这是一个完全颠倒的社会！这个颠倒的社会实质是阶级剥削、阶级压迫、阶级统治，即不劳动的资本家剥削劳动的工人创造的物质财富；不劳动的资本家垄断文化，劳动者文化权利被剥夺。总而言之，劳动的社会性的发展，生产资料的私有制，劳动者与生产资料分离，劳动者不占有生产资料，不劳动的资本家占有生产资料，产生了无产阶级和资产阶级的阶级矛盾与阶级对立。

劳动者物质贫穷、文化愚昧，不劳动者占有财富、垄断文化，这是从奴隶社会一直到现时资本主义社会为止全部私有制、阶级社会历史发展的规律。

五、铲除资本主义私有制这个社会祸害

【原文】

因此，不应当泛泛地谈论"劳动"和"社会"，而应当在这里清楚地证明，在现今的资本主义社会中怎样最终创造了物质的和其他的条件，使工人能够并且不得不铲除这个历史祸害。

实际上，把这整个行文和内容都不妥当的条文放在这里，只不过是为了把拉萨尔的"不折不扣的劳动所得"作为首要口号写在党的旗帜上。以后我还要回过来谈"劳动所得""平等的权利"等等，因为同样的东西在下面又以稍微不同的形式重复出现。

马克思深刻指出："不应当泛泛地谈论'劳动'和'社

第二章　共产主义从来都不是一蹴而就的

会',而应当在这里清楚地证明,在现今的资本主义社会中怎样最终创造了物质的和其他的条件,使工人能够并且不得不铲除这个历史祸害。"就是说在劳动者与生产资料分离的资本主义私有制条件下,随着资本主义生产力的发展,不劳动的资本家物质文化越来越富有,劳动的无产阶级物质文化越来越贫穷,这种情况越来越明朗化,资本主义基本矛盾的发展和激化,无产阶级同资产阶级之间的阶级矛盾的明朗化、激烈化和尖锐化,无产阶级与资本主义大工业一起发展壮大,这种社会现实已经为无产阶级用暴力革命的手段推翻资本主义制度创造了物质条件和其他条件,无产阶级是消灭资本主义私有制的强大阶级力量,无产阶级必须而且能够铲除资本主义私有制这个社会祸害,以求得自身的解放。这才是德国社会主义工人党的纲领中没有做出却必须做出的结论,而不应像现在的纲领草案这样空泛地谈论那些无意义的"劳动"和"社会"之类的空话。

所谓"在现今的资本主义社会中怎样最终创造了物质的和其他的条件",其中的"物质条件"是指,资本主义社会化的大生产积累的大量物质财富、物质文明,它为新的更先进的社会制度的诞生提供了物质前提。这大量的物质财富被资本家私人占有,占有制是私人性的,而生产是社会化的大生产,生产过程高度社会化,分工精细、广泛联系、紧密合作,生产的商品推向全社会。生产的社会性和占有制的私人性的矛盾成为资本主义社会的基本矛盾,资本主义社会基本矛盾的发展和激化,占有制的私人性,资本家唯利是图导致的生产的盲目性,必然引发周期性的经济危机，出现列宁所说的，资本家无法照旧地统治下去了，工人无法照旧地生活下去了，爆发上层危机、下层危机和全面的社会危机，整个社会处于瘫痪状态。经济危机更带来无产阶级的灾难，工厂倒闭、工人失业、流离失所，无产阶级必然起来反抗，爆发革命，推翻资本主义制度，建立无产阶级专政的社会主义制度。所谓"其他的条件"主要是指，资本主义制度为自己培养了掘墓人——无产阶级，资本主义制度培养了埋葬资本主义制度的阶级力量。随着资本主义社会化大生产的发展，产业工人无产阶级发展壮大起来，社会化大生产形成了无产阶级高度的组织性、纪律性、先进性、团结性，工人们一无所有，为了挣脱掉颈上的锁链，他们必须革命。因此，无产阶级具有革命的彻底性，大无畏的牺牲精神。当无产阶级意识到自己被剥削、被压迫的地位，由自在的阶级转变为自为的阶级，在马克思主义的指导下，一定能够推翻资本主义制度，获得自身的解放。

马克思指出，无产阶级必须铲除资本主义私有制这个社会祸害，才是《哥达纲领》这个德国社会主义工人党党纲最应该"清楚地证明"的。《哥达纲领》草案的条文"整个行文和内容都不妥当"，"把拉萨尔的'不折不扣的劳动所得'作为首要口号写在党的旗帜上"是极其错误的，并且同样的东西——所谓"不折不扣的劳动所得""平等的权利"这些拉萨尔主义思想在《哥达纲领》草案中又以稍微不同的形式反复出现。所以，马克思在《哥达纲领批判》后面的内容里"还要回过来谈'劳动所得''平等的权利'等等"，对其进行深入细致的剖析和批判。

第二章 共产主义从来都不是一蹴而就的

第二节 无产阶级革命的首要任务

一、只攻击资产阶级，不反对土地所有者的错误

【原文】

2."在现代社会，劳动资料为资本家阶级所垄断；由此造成的工人阶级的依附性是一切形式的贫困和奴役的原因。"

这段从国际章程中抄来的话，经过这番"修订"就变成错误的了。

在现代社会，劳动资料为土地所有者和资本家所垄断（地产的垄断甚至是资本垄断的基础）。无论是前一个或者后一个垄断者阶级，国际章程在有关条文中都没有指名。它谈到的是"劳动资料即生活源泉的垄断"。"生活源泉"这一补充语充分表明，劳动资料也包括土地。

作这种修订，是因为拉萨尔由于现在大家都知道的原因仅仅攻击资本家阶级，而不攻击土地所有者。在英国，资本家甚至多半不是他的工厂所在的那块土地的所有者。

《哥达纲领》中"在现代社会中，劳动资料为资本家阶级所垄断；由此造成的工人阶级的依附性是一切形式的贫困和奴役的原因"，这段话是从国际工人协会临时章程中抄来并经过"修订"的。国际工人协会临时章程写明的是"劳动资料即生活源泉的垄断"，"生活源泉"这一补充语充分表明，劳动资料包括土地，

国际工人协会临时章程的这种提法是对的。可是，经过"修订"的《哥达纲领》草案则变成"劳动资料为资本家阶级所垄断"，这里面去掉了土地所有者——地主阶级的地产垄断，正确的观点是"劳动资料为地主和资本家所垄断"。《哥达纲领》的这种说法认为，造成工人阶级依附、贫困和奴役的只是资本家阶级，而隐去了德国容克地主阶级和封建专制普鲁士政府对无产阶级的剥削，即《哥达纲领》"仅仅攻击资本家阶级，而不攻击土地所有者"。这实际上就是把土地所有者——贵族地主阶级排除在革命对象之外，而当时在德国掌握政权的正是地主贵族阶级。

只反对资产阶级，不反对掌握政权的地主贵族阶级，这正是拉萨尔的观点。马克思《哥达纲领批判》一语道破拉萨尔不反对掌握政权的地主贵族阶级这一"现在大家都知道的理由"：为了求得现存普鲁士国家的帮助和争得普选权，拉萨尔从1860年5月起多次与普鲁士政府首相俾斯麦密谈、通信，表示工人阶级"本能地感到自己倾向于独裁"，他认为无产阶级只要通过和平的、合法的斗争，争得普选权，就可以把普鲁士君主专制国家变为自由的人民国家；他否认无产阶级进行经济斗争、政治斗争的必要性。为了笼络工人、打击资产阶级自由主义，德国普鲁士政府实行了一些提高工人福利待遇的政策，但若因此无产阶级与普鲁士政府结盟，就等于帮助巩固腐朽的专制统治。尽管拉萨尔提出要实现普选权，但是专制的普鲁士政府不可能做出太多的让步。

拉萨尔投靠普鲁士宰相俾斯麦，出卖德国工人阶级的利益。拉萨尔死后，拉萨尔的继承者仍然坚持拉萨尔的立场、观点，维护和支持普鲁士封建贵族地主的国家统治。爱森纳赫派的领导人毫无保留地接受拉萨尔的观点，为了迎合拉萨尔派拿原则做交易，这实际上是向拉萨尔机会主义屈膝投降，是违背工人阶级利益，完全不能容忍的。因此，理所当然地受到了马克思的尖锐批判。

马克思《哥达纲领批判》戳穿了《哥达纲领》中不推翻现政权的改良主义、"半截子"革命的实质。

二、"普鲁士政府的社会主义"

由于拉萨尔所谈的社会主义是依靠普鲁士国家帮助，建立生产合作社实现的社会主义，所以，拉萨尔主义曾被称为国家社会主义（后来不再这样称呼）。在拉萨尔看来，国家是超越阶级、凌驾于全体社会成员之上的普遍利益的代表。拉萨尔宣称通过建立工人合作社就能够实现社会主义，而要建立工人合作社，就必须依靠现存国家的帮助。在这里，拉萨尔所期望的国家帮助不是来自于工人执政后自己的国家，而是来自于现存的专制国家——普鲁士政府，所以，拉萨尔的"国家社会主义"是普鲁士政府帮助下的社会主义，也就是"普鲁士政府的社会主义"。拉萨尔指出，工人应放弃夺取国家政权的愿望，实现共产主义要依赖普鲁士国家的支持。"普鲁士政府的社会主义"纯粹是异想天开的幻想。

拉萨尔否认国家是实行阶级统治的机关，认为国家是超阶级的，通过普鲁士专制国家的帮助就能消灭资产阶级。马克思指出，当前无产阶级革命最首要的任务是推翻腐朽的专制制度，只要德国资产阶级愿意推翻普鲁士的专制制度，无产阶级就要与他们一起进行民主斗争。尽管无产阶级不可能因此获得政权,却能推动社会进步,为社会主义的实现奠定社会基础。拉萨尔欲与普鲁士国家政府专制势力联合,是将工人变成了维护专制制度的帮凶。

第三节 共产主义要分阶段,更要讲原则

这一节批判了《哥达纲领》草案中关于生产资料所有制与分配相互关系上的错误,科学地阐明了共产主义第一阶段——社会主义社会的总产品和个人消费品的分配原则。《哥达纲领》草案把"按照平等的权利""公平分配劳动所得"作为党的奋斗目标,企图以分配上的改良实现社会主义,是极为荒谬和反动的。

一、分配决定论的错误

【原文】

3. "劳动的解放要求把劳动资料提高为社会的公共财产,要求集体调节总劳动并公平分配劳动所得。"

"把劳动资料提高为公共财产"!应当是说把它们"变为公共财产"。这不过是顺便提一句罢了。

什么是"劳动所得"呢?是劳动的产品呢,还是产品的价值?如果是后者,那么,是产品的总价值呢,或者只是劳动新加在消耗掉的生产资料的价值上的那部分价值?

第二章　共产主义从来都不是一蹴而就的

"劳动所得"是拉萨尔为了代替明确的经济学概念而提出的一个模糊观念。

什么是"公平的"分配呢？

难道资产者不是断言今天的分配是"公平的"吗？难道它事实上不是在现今的生产方式基础上唯一"公平的"分配吗？难道经济关系是由法的概念来调节，而不是相反，从经济关系中产生出法的关系吗？难道各种社会主义宗派分子关于"公平的"分配不是也有各种极不相同的观念吗？

为了弄清楚"公平的分配"一语在这里是什么意思，我们必须把第一段和本段对照一下。本段设想的是这样一个社会，在那里"劳动资料是公共财产，总劳动是由集体调节的"，而在第一段我们则看到，"劳动所得应当不折不扣和按照平等的权利属于社会一切成员"。

"属于社会一切成员"？也属于不劳动的成员吗？那么"不折不扣的劳动所得"又在哪里呢？只属于社会中劳动的成员吗？那么社会一切成员的"平等的权利"又在哪里呢？

"社会一切成员"和"平等的权利"显然只是些空话。问题的实质在于：在这个共产主义社会中，每个劳动者都应当得到拉萨尔的"不折不扣的劳动所得"。

如果我们把"劳动所得"这个用语首先理解为劳动的产品，那么集体的劳动所得就是社会总产品。

现在从它里面应当扣除：

第一，用来补偿消耗掉的生产资料的部分。

第二，用来扩大生产的追加部分。

第三，用来应付不幸事故、自然灾害等的后备基金或保险基金。

从"不折不扣的劳动所得"中扣除这些部分，在经济上是必要的，至于扣除多少，应当根据现有的物资和力量来确定，部分地应当根据概率计算来确定，但是这些扣除无论如何根据公平原则是无法计算的。

剩下的总产品中的另一部分是用来作为消费资料的。

在把这部分进行个人分配之前，还得从里面扣除：

第一，同生产没有直接关系的一般管理费用。

同现代社会比起来，这一部分一开始就会极为显著地缩减，并随着新社会的发展而日益减少。

第二，用来满足共同需要的部分，如学校、保健设施等。

同现代社会比起来，这一部分一开始就会显著地增加，并随着新社会的发展而日益增长。

第三，为丧失劳动能力的人等等设立的基金，总之，就是现在属于所谓官办济贫事业的部分。

只有现在才谈得上纲领在拉萨尔的影响下狭隘地专门注意的那种"分配"，就是说，才谈得上在集体中的各个生产者之间进行分配的那部分消费资料。

"不折不扣的劳动所得"已经不知不觉地变成"有折有扣的"了，虽然从一个处于私人地位的生产者身上扣除的一切，又会直接或间接地用来为处于社会成员地位的这个生产者谋利益。

第二章　共产主义从来都不是一蹴而就的

我较为详细地一方面谈到"不折不扣的劳动所得",另一方面谈到"平等的权利"和"公平的分配",是为了指出这些人犯了多么大的罪,他们一方面企图把那些在某个时期曾经有一些意义,而现在已变成陈词滥调的见解作为教条重新强加于我们党,另一方面又用民主主义者和法国社会主义者所惯用的、凭空想象的关于权利等等的废话,来歪曲那些花费了很大力量才灌输给党而现在已在党内扎了根的现实主义观点。

除了上述一切之外,在所谓分配问题上大做文章并把重点放在它上面,那也是根本错误的。

因此,马克思才认为,不管是强调平等的权利,还是对公平分配问题的关心,拉萨尔主义者关心的核心依然只是分配问题而已,而"在所谓分配问题上大做文章并把重点放在它上面,那也是根本错误的"。马克思指出:"消费资料的任何一种分配,都不过是生产条件本身分配的结果;而生产条件的分配,则表现生产方式本身的性质。例如,资本主义生产方式的基础是:生产的物质条件以资本和地产的形式掌握在非劳动者手中,而人民大众所有的只是生产的人身条件,即劳动力。既然生产的要素是这样分配的,那么自然就产生现在这样的消费资料的分配。如果生产的物质条件是劳动者自己的集体财产,那么同样要产生一种和现在不同的消费资料的分配。"可见,要解决分配问题,不应只是在分配本身兜圈子而应该研究经济运行的整体规律,其核心是对生产方式的研究。希图借助于"平等的权利"和"公平的分配"

来解决分配问题，只不过是玩弄文字游戏而已。

消费资料的任何一种分配，都不过是生产条件本身分配的结果。而生产条件的分配，则表现生产方式本身的性质。例如，资本主义生产方式的基础就在于：物质的生产条件以资本和地产的形式掌握在非劳动者的手中，而人民大众则只有人身的生产条件，即劳动力。既然生产的要素是这样分配的，那么自然而然地就要产生消费资料的现在这样的分配。如果物质的生产条件是劳动者自己的集体财产，那么同样要产生一种和现在不同的消费资料的分配。庸俗的社会主义仿效资产阶级经济学家（一部分民主派又仿效庸俗社会主义）把分配看成并解释成一种不依赖于生产方式的东西，从而把社会主义描写为主要是围绕着分配兜圈子。既然真实的关系早已弄清楚了，为什么又要开倒车呢？

马克思指出，向工人灌输这些错误思想是"犯了多么大的罪"！起草《哥达纲领》的领袖们是在把陈词滥调的教条强加于党！是用空洞的废话来歪曲"那些花了很大力量才灌输给党而现在已在党内扎了根的"剩余价值学说，无产阶级深受资本家、地主阶级剥削的观点和只有消灭阶级、消灭私有制才能解放工人阶级的观点。

马克思批判了所谓"公平分配""平等权利"等超阶级的机会主义空话。为了批判"公平的分配"的错误观点，马克思一连提出了四个质问："难道资产者不是断言今天的分配是'公平的'吗？难道它事实上不是在现今的生产方式基础上唯一'公平的'分配吗？难道经济关系是由法的概念来调节，而不是相反，从经济关系中产生出法的关系吗？难道各种社会主义宗派分子关于'公平的'分配不是也有各种极不相同的观念吗？"弄清这些问题，就可以看清所谓"公平的分配""平等的权利"错误的实质。

第一，所谓"公平"，在阶级社会是有阶级性的。各阶级由于各自利益不同，因而对公平的理解和标准不同，不存在各个阶级都认可、都能够普遍接受的共同标准。在资本主义社会，资产阶级认为资本主义的分配是最公平的，资本家将自己获得的利润、支付给工人的工资看作是"公平的"分配，而事实上，对无产阶级来说，只获得以工资形式支付的劳动力价值，而工人劳动的其他部分则以剩余价值的形式被资本家无偿占有，资本家获得的利润是工人创造的剩余价值的转化形式，因而这种分配对工人来说是最不合理、最不平等的。既然"公平的分配"不存在，那么"平等的权力"也就难以维护。马克思主义理解的平等只能是"消灭阶级"，不消灭阶级，就没有真正的平等，阶级的存在是不平等的根源。

第二，《哥达纲领》草案宣扬庸俗社会主义的分配决定论，空泛地谈论"劳动""社会"，把"按照平等的权利""公平分配劳动所得"作为党的奋斗目标，企图以分配上的改良主义实现社会主义，拉萨尔派硬是说，不改变资本主义私有制，只要实现了"公平分配"就能够实现社会主义（即民主社会主义，还鼓吹说这才是真正的社会主义）。马克思指出："消费资料的任何一种分配，都不过是生产条件本身分配的结果；而生产条件的分配，则表现生产方式本身的性质。"这里，马克思进一步阐明了生产决定分配、生产方式决定分配方式的历史唯物主义原理。所谓生产条件的分配，是指生产资料归谁所有和劳动力以什么形式同生产资料结合。生产条件的分配方式不同，即所有制、劳动力同生产资料结合方式不同，社会各阶级在生产中所处的地位就不同，产品的分配方式也因此不同。有什么样的生产方式，就有什么样的分配方式，所有制决定收入分配。所有制不仅决定收入分配，而且也决定着资源的分配，市场不是资源配置的唯一手段：奴隶制奴隶主完全垄断资源，封建制地主决定土地资源的配置，资本主义所有制资本家决定资本配置，包括劳动力资源的配置。要改变资本主义分配方式，必须从根本上改变资本主义的生产方式，消灭资本主义私有制。

马克思把重点放在所有制问题上，放在用生产资料公有制取代、消灭私有制上，《哥达纲领》草案把重点转移到分配问题上，把分配方式看成是脱离生产方式的东西，把分配看作事物的本质并把重点放在它上面，是本末倒置，把实现社会主义的注意力主要放在分配问题上兜圈子，把公平分配当作社会主义，是开历史倒车！马克思指出，生产决定分配还是分配决定论，这不是一般的思想分歧，"把所谓分配看作事物的本质并把重点放在它上面，那也是根本错误的"。

马克思批判了拉萨尔的分配决定论，阐明了生产决定分配、所有制形式决定分配方式这样明显的真理。分配方式决定于生产方式，在资本主义社会，生产资料为资本家所占有，工人阶级一无所有，资产阶级凭借对生产资料的占有剥削工人创造的剩余价

第二章　共产主义从来都不是一蹴而就的

值，工人只能靠出卖劳动力获得工资——即劳动力的价值。这种不公平的分配方式，正是资本主义私有制生产方式所决定的。只要资本主义生产方式存在，对工人阶级就不可能有什么公平分配。因此，要实现分配公平，就必须消灭资本主义私有制。分配方式的变革依赖于生产方式的变革。然而，《哥达纲领》草案避而不谈私有制、生产方式的变革，空谈"公平分配""平等权利"，完全是对马克思主义和无产阶级根本利益的背叛。

第三，马克思进一步指出："难道经济关系是由法权概念来调节，而不是由经济关系来产生出法权关系吗？"这就是说，"平等""公平"是法权概念，属于思想的上层建筑范畴；而分配方式则是一种经济关系，是经济基础的一部分，前者是上层建筑，后者是经济基础。拉萨尔鼓吹"按照平等的权利""公平分配劳动所得"就是把"平等""公平"这些抽象的法的概念当作调节经济关系的先验的、永恒的原则，这就根本违反了经济关系决定法的概念的历史唯物主义。马克思主义认为，经济基础决定上层建筑，而不是反过来，上层建筑决定经济基础。纲领草案不谈从根本上改变资本主义经济基础，而指望用"平等""公平"这些法权概念调节分配方式，即用上层建筑（法权）决定经济基础（分配），完全违背马克思历史唯物主义的社会基本矛盾原理。

第四，各种社会主义宗派分子都提出过"公平分配"的口号和主张。如圣西门派曾经提出过按工效定能力，按能力计报酬的主张；傅立叶派主张将社会劳动总收入按参加者的劳动、资本、才能进行分配；欧文派提出"工人有获得全部劳动产品的权利"

的口号；英国工联主义则主张"做一天公平的工作，得一天公平的工资"；等等。这些有识之士都看到了资本主义分配制度的不合理，并主张改变这种不合理的分配制度。但是他们都根本不提消灭资本主义私有制。当马克思主义诞生并在工人运动中广泛传播，消灭资本主义剥削制度的革命思想、科学社会主义的普遍真理已经逐渐被工人阶级接受之后，《哥达纲领》还在宣扬和坚持拉萨尔的所谓"公平分配"的机会主义观点，这是多么严重、不可原谅的错误和倒退！

在《哥达纲领批判》的第一章第三节，马克思还批判了所谓"不折不扣的劳动所得"的谬论。

"不折不扣的劳动所得"是拉萨尔的观点，纲领草案毫无原则地接受了拉萨尔的这一观点。对此，马克思给予了尖锐的批判。马克思把"劳动所得"这个极为模糊不清的用语明确为劳动产品，那么，集体劳动所得就是社会总产品。社会总产品就是在一定时期内（通常是一年）所生产的全部劳动产品的总和，其中包括生产资料和生活资料。

马克思指出，"不折不扣的""劳动所得"是违背社会再生产和社会主义总产品分配原理的。对社会总产品的分配不会是不折不扣的分配，而是有折有扣的分配。按照马克思主义社会再生产原理，社会再生产是扩大再生产，要扩大再生产，就必须积累，因此，在将社会总产品分配给个人之前必须进行各种必要的扣除，首先要扣除三项费用："第一，用来补偿消耗掉的生产资料的部分。第二，用来扩大生产的追加部分。第三，

第二章 共产主义从来都不是一蹴而就的

用来应付不幸事故、自然灾害等的后备基金或保险基金。"其中第一部分——补偿消费掉的生产资料的部分是用来维持简单再生产所必须的部分；第二部分——追加部分是用于积累和扩大再生产的；第三部分——后备基金、保险基金是用于应付突发事变的。显然，要维持社会的再生产并推动其不断发展，这些扣除每一项都是必不可少的。社会总产品在做了上述各项扣除之后，剩余的部分才是用于社会成员个人消费的。但是扣除后的社会总产品在分配到个人之前，还必须做如下三项扣除以作为公共消费，即："第一，同生产没有直接关系的一般管理费用；第二，用来满足共同需要的部分，如学校、保健设施等；第三，为丧失劳动能力的人等等设立的基金。"这些扣除虽然与社会生产没有直接关系，但是对于一个国家行使其各项社会职能，维护社会正常运行，为社会生产的发展创造一个正常、有利的社会环境，则是必不可少的。马克思指出："从一个处于私人地位的生产者身上扣除的一切，又会直接或间接地用来为处于社会成员地位的这个生产者谋福利。"这就是说，一方面，劳动者作为个人，他的劳动所得被扣除了，但另一方面，他作为社会成员，又直接或间接地从社会集体福利中得到了享受、回报，被扣除的部分仍然以集体福利的形式为生产者自己所享用了。

社会总产品在做出上述六项扣除之后，剩下来的部分才能在劳动者之间进行分配。这样，正如马克思所指出的那样："'不折不扣的劳动所得'已经不知不觉地变成了'有折有扣的'了。"

关于共产主义的高级阶段，马克思指出："在共产主义社会高级阶段上，在迫使人们奴隶般地服从分工的情形已经消失，从而脑力劳动和体力劳动的对立也随之消失之后；在劳动已不仅仅是谋生的手段，而且本身成了生活的第一需要之后；在随着个人的全面发展生产力也增长起来，而集体财富的一切源泉都充分涌流之后，——只有在那个时候，才能完全超出资产阶级法权的狭隘眼界，社会才能在自己的旗帜上写上：各尽所能，按需分配！"马克思对于共产主义的科学预见，阐明了从社会主义社会发展到共产主义社会的基本条件——分工消失，脑力劳动和体力劳动的对立消失，劳动成了生活的第一需要，个人的全面发展，生产力增长起来，集体财富充分涌流。之后，揭示了共产主义社会的基本特征——生产力高度发达，物质财富极大丰富，个人全面自由发展，社会产品各尽所能，按需分配。

二、社会主义按劳分配原则

【原文】

在一个集体的、以生产资料公有为基础的社会中，生产者不交换自己的产品；用在产品上的劳动，在这里也不表现为这些产品的价值，不表现为这些产品所具有的某种物的属性，因为这时，同资本主义社会相反，个人的劳动不再经过迂回曲折的道路，而是直接作为总劳动的组成部分存在着。于是，"劳动所得"这个由于含义模糊就是现在也不能接受的用语，便失去了任何意义。

我们这里所说的是这样的共产主义社会，它不是在它自身基

第二章　共产主义从来都不是一蹴而就的

础上已经发展了的，恰好相反，是刚刚从资本主义社会中产生出来的，因此它在各方面，在经济、道德和精神方面都还带着它脱胎出来的那个旧社会的痕迹。

因此，马克思认为，就平等、权利和正义等范畴而言，它们在本质上讲依然属于资产阶级的理论视野，并不能真正表达出劳动者和人类解放的伟大目标。因为在资本主义制度下，工人阶级享有的平等和权利，只不过是词句上的表达而已。要想使工人阶级摆脱受剥削和奴役的地位，只有实行社会主义的按劳分配的原则。

所以，每一个生产者，在做了各项扣除之后，从社会方面正好领回他所给予社会的一切。他所给予社会的，就是他个人的劳动量。例如，社会工作日是由所有的个人劳动小时构成的；每一个生产者的个人劳动时间就是社会工作日中他所提供的部分，就是他在社会工作日里的一份。他从社会方面领得一张证书，证明他提供了多少劳动（扣除他为社会基金而进行的劳动），而他凭这张证书从社会储存中领得和他所提供的劳动量相当的一份消费资料。他以一种形式给予社会的劳动量，又以另一种形式全部领回来。

显然，这里通行的就是调节商品交换（就它是等价的交换而言）的同一原则。内容和形式都改变了，因为在改变了的环境下，除了自己的劳动，谁都不能提供其他任何东西，另一方面，除了个人的消费资料，没有任何东西可以成为个人的财产。至于消费资料在各个生产者中间的分配，那么这里通行的是商品等价物的交换中也通行的同一原则，即一种形式的一定量的劳动可以和另一种形式的同量劳动相交换。

所以，在这里平等的权利按照原则仍然是资产阶级的法权，虽然原则和实践在这里已不再互相矛盾，而在商品交换中，等价物的交换只存在于平均数中，并不是存在于每个个别场合。因此，马克思拒斥平等、权利等旧口号，而将关注的目光投向社会制度。正如恩格斯所言："马克思无论在什么地方都没有提出过'十足劳动收入权'的要求，他在他的理论著作中根本没有提出过任何形式的权利要求。……在马克思的理论研究中，对法律权利（它始终只是某一特定社会的经济条件的反映）的考察是完全次要的；相反，对特定时代的一定制度、占有方式、社会阶级的历史合理性的探讨占据首要地位。任何一个人，只要把历史看作一个有联系的，尽管常常被打乱的发展过程，而不是像在18世纪那样把它完全看作是愚蠢和残暴的杂乱堆积，就会首先对这些问题的研究感兴趣。"马克思更进一步指出："他们（引者注：指工人阶级）不应当忘记：在日常斗争中他们反对的只是结果，而不是产生这种结果的原因；他们延缓下降的趋势，而不改变它的方向；他们服用止痛剂，而不祛除病根。所以他们不应当只局限于这些不可避免的、因资本永不停止的进攻或市场的各种变动而不断引起的游击式的搏斗。他们应当懂得：现代制度给他们带来一切贫困，同时又造成对社会进行经济改造所必需的种种物质条件和社会形式。他们应当摒弃'做一天公平的工作，得一天公平

第二章　共产主义从来都不是一蹴而就的

的工资！'这种保守的格言，要在自己的旗帜上写上革命的口号：'消灭雇佣劳动制度！'"

【原文】

虽然有这种进步，但这个平等的权利总还是被限制在一个资产阶级的框框里。生产者的权利是同他们提供的劳动成比例的；平等就在于以同一尺度——劳动——来计量。

但是，一个人在体力或智力上胜过另一个人，因此在同一时间内提供较多的劳动，或者能够劳动较长的时间；而劳动，要当做尺度来用，就必须按照它的时间或强度来确定，不然它就不成其为尺度了。这种平等的权利，对不同等的劳动来说是不平等的权利。它不承认任何阶级差别，因为每个人都像其他人一样只是劳动者；但是它默认，劳动者的不同等的个人天赋，从而不同等的工作能力，是天然特权。所以就它的内容来讲，它像一切权利一样是一种不平等的权利。权利，就它的本性来讲，只在于使用同一尺度；但是不同等的个人（而如果他们不是不同等的，他们就不成其为不同的个人）要用同一尺度去计量，就只有从同一个角度去看待他们，从一个特定的方面去对待他们，例如在现在所讲的这个场合，把他们只当做劳动者，再不把他们看做别的什么，把其他一切都撇开了。其次，一个劳动者已经结婚，另一个则没有；一个劳动者的子女较多，另一个的子女较少，如此等等。因此，在提供的劳动相同，从而由社会消费基金中分得的份额相同的条件下，某一个人事实上所得到的比另一个人多些，也就比另一个人富些，如此等等。要避免所有这些弊病，权利就不应当是平等的，而应当是不平等的。

但是这些弊病，在经过长久阵痛刚刚从资本主义社会产生出来的共产主义社会第一阶段，是不可避免的。权利决不能超出社会的经济结构以及由经济结构制约的社会的文化发展。

马克思在批判拉萨尔庸俗社会主义分配决定论时，运用唯物辩证法的发展观点，科学地预见了共产主义社会的发展过程，第一次提出了共产主义社会发展的两个阶段——低级阶段和高级阶段学说，论述了社会主义社会的基本特征和个人消费品的分配原则。

第一，社会主义社会的基本特征及其分配原则。马克思在这里明确地提出了共产主义社会有两个发展阶段：一是共产主义社会的低级阶段。马克思说："我们这里所说的是这样的共产主义社会，它不是在它自身基础上已经发展了的，恰好相反，是刚刚从资本主义社会中产生出来的，因此它在各方面，在经济、道德和精神各方面都还带着它脱胎出来的那个旧社会的痕迹。"我们把共产主义社会的低级阶段称为社会主义社会或社会主义阶段。二是共产主义社会的高级阶段。马克思说：它是"在它自身基础上已经发展了的"阶段，即共产主义高级阶段，或直接称共产主义社会。

共产主义的低级阶段，即社会主义社会的基本特征是什么？马克思指出，社会主义社会是刚从资本主义社会中产生出来的，因此，它在各方面，在经济、道德、精神方面都还带着它脱胎出来的那个旧社会——资本主义社会的痕迹。社会主义已经形成了以生产资料公有制为主体的所有制结构，劳动者成为社会生产的主人，劳动者相互之间是平等互助合作的同志式关系。但是，由于社会主义社会还是共产主义的低级阶段，与未来的共产主义高级阶段相比，还存在不少缺陷，主要表现在：生产力发展水平还不高，由此就决定了社会主义公有制的公有化程度还不高；劳动者还没有得到全面的发展；旧式分工、体力劳动和脑力劳动的差别还存在；社会总产品还没有达到极大丰富；人们的思想觉悟水平也还没有极大提高，人们的头脑中还存在着许多旧的思想和习惯势力，等等。这是对社会主义社会基本特征的高度概括。

由于社会主义社会生产力发展水平还不高，体力劳动和脑力劳动的差别还存在，社会物质财富还没有达到极大丰富，人们的思想觉悟水平还没有极大提高，这就决定社会主义的分配方式只能是按劳分配。即"每一个生产者，在作了各项扣除之后，从社会领回的，正好是他给予社会的。他给予社会的，就是他个人的劳动量。……他从社会领得一张凭证，证明他提供了多少劳动（扣除他为公共基金而进行的劳动），他根据这张凭证从社会储存中领得一份耗费同等劳动量的消费资料。他以一种形式给予社会的劳动量，又以另一种形式领回来"。这就是马克思当时所设想的社会主义按劳分配的形式。这里没有货币，没有商品交换，没有市场，每个劳动者凭一张社会证书从社会储存中领得一份消费资料。

第二，社会主义按劳分配的性质。马克思在提出社会主义的按劳分配原则之后，深刻地分析了社会主义按劳分配所通行的原则及其性质。马克思说："至于消费资料在各个生产者中间的分配，那么这里通行的是商品等价物的交换中也通行的同一原则，即一种形式的一定量的劳动可以和另一种形式的同量劳动相交换。"这就是等量劳动相交换，它和商品等价交换的原则是相同的。因为价值是由社会必要劳动时间决定的，所以按价值交换也就是等量劳动交换。然而，尽管是同一原则，但在内容和形式上都已经改变了。从内容上说，两种交换反映的社会关系性质不同：社会主义按劳分配反映的是劳动者个人同社会之间的关系；等价交换反映的是商品生产者之间的关系，在资本主义社会，是雇佣劳动者同资本家之间的关系。从形式上说，按劳分配是凭劳动证明书进行的直接消费资料分配；而等价交换是利用商品货币关系在市场上交换产品。无论按劳分配，还是等价交换，都遵循权利平等的原则。在社会主义按劳分配中，劳动者和社会都要求劳动的交换平等，在商品交换中，商品生产者双方都要求价值相等。但是，马克思认为，在商品等价交换中，平等原则和社会实践是相互矛盾的。因为在商品交换中，等价交换只有在全社会商品的总和中或平均数中才存在，而不是在每一个个别场合都存在。在社会主义按劳分配中，马克思认为这种矛盾已不存在，即不但从总体上，而且在每个个别场合都是等量劳动与等量产品的交换。也就是说，在每个场合，社会都是按照劳动者提供的劳动，分配给他相等数量的消费资料。

我们看到，马克思当年的设想与今天我们的社会主义实践的

第二章　共产主义从来都不是一蹴而就的

结果已有很大的差异。今天的社会主义社会还存在着商品经济，按劳分配还需要通过商品货币关系而不是凭劳动证明书来实现，并且，按劳分配还不能在全社会范围内，按统一的标准统一实行，而必须以企业为中介来进行。企业要将集体生产的产品在市场上出卖，产品出卖后所实现的价值，即所获得的货币量，恰好等于实际劳动的消耗量的情况是极少有的情况，更多的情况则是产品出卖所获得的货币量多于或少于实际的劳动消耗量。如此，每一个劳动者所分得的货币量也会多于或少于他所付出的实际劳动量（做出各种必要扣除之后）。

第三，对于按劳分配的历史评价。一方面，按劳分配是人类社会分配制度史上的一场巨大的革命，它同资本主义的分配制度相比具有伟大的历史进步性，因为它彻底否定了历史上一切形式的不劳而获，承认只有劳动者才有参加分配的权利，劳动者在历史上第一次以社会生产的主人的资格，按照平等的权利享有自己的劳动成果，因而极大地激励了广大劳动者的生产劳动积极性和主动性，它与以往任何一种分配制度相比，都具有无可比拟的优越性。另一方面，马克思还指出了按劳分配的历史局限性和不可避免的弊病。这种局限性和弊病，就是按劳分配的平等权利"仍然是资产阶级的法权"，"仍然被限制在一个资产阶级的框框里"。这里所说的资产阶级法权，是指平等获利是以不平等为前提的，按劳分配的平等权利也包含着这种形式上的平等而事实上的不平等。具体表现在，按劳分配的平等权利的原则，只承认劳动是参加分配的唯一权利，并且按照劳动者个人所提供的劳动数量按比例分配消费资料。"平等就在于以同一尺度——劳动——来计量。"运用劳动这个同一尺度来衡量当然是平等的，但是被衡量的个人却是各不相同的。比如，有的人劳动能力强些，有的人劳动能力弱些，因而在同一时间内，前者所提供的劳动量会比后者多，因而按照按劳分配原则，前者所分得的消费资料也会比后者多。这样就产生了不同的劳动者所拥有的消费资料数量上的差别。因此，马克思说："这种平等的权利，对不同等的劳动来说是不平等的权利。""它默认，劳动者的不同等的个人天赋，从而不同等的工作能力，是天然特权。所以就它的内容来讲，它像一切权利一样是一种不平等的权利。"如果再考虑到各个劳动者家庭人口多少的差别，生活负担轻重的不同等各种因素，那么，即使在每个劳动者提供的劳动量相等，所分得的消费资料也相等的情况下，各个人的实际所得也仍然不相等，家庭人口多的困难一些，家庭人口少的富裕一些，不同家庭富裕程度仍然存在差别，因而事实上还是存在差距，存在不平等。而"要避免所有这些弊病，权利就不应当是平等的，而应当是不平等的"。

社会主义社会，在个人消费品的分配上，实行"按劳分配"原则无疑是历史的巨大进步。但也要看到，社会主义还不是共产主义，还没有消除对不同等的人按不等量的劳动给予等量产品的"资产阶级权利"。按劳分配使用同一的尺度——劳动对待工作能力和家庭负担各不相同的个人，必然出现富裕程度的差别，因而平等只是形式上的，而不是事实上的。马克思指出，这是一种"弊病"，"但是这些弊病，在经过长久阵痛刚刚从资本主义社会产生出来的共产主义社会第一阶段，是不可避免的。权利决不能超出社会的经济结构以及由经济结构制约的社会的文化发展"。马克思的这一论断，对共产主义低级阶段社会主义的特征作了科学的说明。

紧接着，马克思又指出了按劳分配所包含的这种事实上的不平等的弊病，是由社会主义社会的生产力发展状况、经济结构的特点所决定的，同时也与社会主义阶段社会文化发展和人们思想觉悟程度等密切相联系。如果我们脱离当时社会经济、文化发展实际，硬要主观主义地"纠正"按劳分配中包含的这些弊病，实行平均主义的分配，其结果只能是严重挫伤劳动者的积极性，破坏社会生产力。

三、共产主义按需分配原则

【原文】

在共产主义社会高级阶段，在迫使个人奴隶般地服从分工的情形已经消失，从而脑力劳动和体力劳动的对立也随之消失之后；在劳动已经不仅仅是谋生的手段，而且本身成了生活的第一需要之后；在随着个人的全面发展，他们的生产力也增长起来，而集体财富的一切源泉都充分涌流之后，——只有在那个时候，才能完全超出资产阶级权利的狭隘眼界，社会才能在自己的旗帜上写上：各尽所能，按需分配！

在这里，马克思提出了共产主义社会的基本特征和分配原则。马克思认为，公平和正义是对现实分配关系与自身利益关系的一种道德评判。因而，公平分配不是一个科学的理论判断，它并不能深刻揭示劳动者受剥削的缘由，也对劳动者摆脱受剥削的地位于事无补。马克思指出："什么是'公平的'分配呢？难道资产者不是断言今天的分配是'公平的'吗？难道它事实上不是在现今的生产方式基础上唯一'公平的'分配吗？难道经济关系是由法的概念来调节，而不是相反，从经济关系中产生出法的关系吗？难道各种社会主义宗派分子关于'公平的'分配不是也有各种极不相同的观念吗？"简而言之，用公平或正义范畴无法真正解决现实的分配问题。恩格斯就此指出："按照资产阶级经济学的规律，产品的绝大部分不是属于生产这些产品的工人。如果我们说：这是不公平的，不应该这样，那么这首先同经济学没有什么关系。我们不过是说，这些经济事实同我们的道德感有矛盾。"所以，"马克思从来不把他的共产主义要求建立在这样的基础上，而是建立在资本主义生产方式的必然的、我们眼见一天甚于一天的崩溃上"。

马克思在阐明共产主义低级阶段——社会主义社会的基本特征和分配原则之后，又对共产主义高级阶段——共产主义社会的基本特征和分配原则进行了高度的概括，指出了共产主义社会的三个主要实现条件。

第一，"迫使人们奴隶般地服从分工的情形已经消失，从而脑力劳动和体力劳动的对立也随之消失"[1]。这里所说的分工，

---

[1] 中共中央编译局. 马克思恩格斯选集（第1卷）[M]. 北京：人民出版社，1995：85

第二章　共产主义从来都不是一蹴而就的

是指使人终身被束缚于某一种职业的旧式分工，这种束缚人的旧式分工是由于社会生产力水平不高，经济和文化不发达所造成的。随着生产力的高度发展，经济和文化的高度发达，人的劳动能力将获得全面发展，既能从事脑力劳动，也能从事体力劳动，一个人能从事多种工作。这样，脑力劳动和体力劳动的分工、对立，以及城市和乡村、工业和农业之间的对立就会随之消失，人们终身束缚于某一种职业的旧式分工也将随之消灭。正如马克思、恩格斯在《德意志意识形态》中所描述的："在共产主义社会里，任何人都没有特殊的活动范围，而是都可以在任何部门内发展，社会调节着整个生产，因而使我有可能随自己的兴趣今天干这事，明天干那事，上午打猎，下午捕鱼，傍晚从事畜牧，晚饭后从事批判，这样就不会使我老是一个猎人、渔夫、牧人或批判者。"

第二，"劳动已经不仅仅是谋生的手段，而且本身成了生活的第一需要"。劳动在至今一切社会里都是谋生的手段。以往的社会，一方面由于科学技术不发达，劳动十分繁重，另一方面由于劳动者很少占有甚至完全没有生产资料，资本主义社会无产阶级必须靠出卖劳动力谋生，劳动产品不属于劳动者，获得的工资是劳动力的价格，因而劳动就成为人们的一种负担。即使是在社会主义社会里，人们仍把劳动看作谋生手段，计较劳动报酬，多劳不多得就会影响劳动积极性。到了共产主义社会则不同了，一方面由于科学技术的高度发达，劳动已变得轻松和自由，而且富于创造性，使得人们都乐于劳动，无须监督；另一方面，人们的思想觉悟极大地提高，加上物质财富的极大丰富，因而人们不再对劳动报酬斤斤计较。到那时，劳动具有了崭新的意义，成了人们生活的第一需要，成为一种完全自觉的人类社会活动。

第三，"随着个人的全面发展，生产力也增长起来，而集体财富的一切源泉都充分涌流"，即社会总产品随着生产力的高度发达已极大地丰富，能够充分满足人们的物质文化生活需要。

只有在上述三项条件完全满足的情况下，人们才能完全超出资产阶级权力的狭隘眼界，社会才能在自己的旗帜上写上："各尽所能，按需分配！"即每一个社会成员主观上愿意尽其所能，客观上又具备了尽其所能的物质文化条件，社会则按其成员的需要分配消费品！

第四节　农民才是无产阶级的可靠同盟军

在第四节，马克思批判《哥达纲领》诬蔑农民是"反动的一帮"的错误，阐明农民是无产阶级的可靠同盟军。

一、诬蔑农民是"反动的一帮"的错误

【原文】

4."劳动的解放应当是工人阶级的事情，对它说来，其他一切阶级只是反动的一帮。"

前一句是从国际章程的导言中抄来的，但是经过了"修订"。那里写道："工人阶级的解放应当是工人自己的事情"；

第二章　共产主义从来都不是一蹴而就的

这里却说"工人阶级"应当解放——解放什么——"劳动"。谁能理解，就让他去理解吧。

另一方面，作为补偿，后一句引用了拉萨尔的话："对它（工人阶级）说来，其他一切阶级只组成反动的一帮。"

在《共产党宣言》中写道："在当前同资产阶级对立的一切阶级中，只有无产阶级是真正革命的阶级。其余的阶级都随着大工业的发展而日趋没落和灭亡，无产阶级却是大工业本身的产物。"

资产阶级，作为大工业的体现者，对封建主和中间等级说来，在这里是被当做革命阶级看待的，而封建主和中间等级力求保持过时的生产方式所创造的一切社会阵地。所以他们并不是同资产阶级一起只组成反动的一帮。

另一方面，无产阶级对资产阶级说来是革命的，因为无产阶级本身是在大工业基地上成长起来的，它力求使生产摆脱资产阶级企图永远保存的资本主义性质。但是，《宣言》又补充说："中间等级……是革命的，那是鉴于他们行将转入无产阶级的队伍。"

所以，从这个观点看来，说什么对工人阶级说来，中间等级"同资产阶级一起"并且加上封建主"只组成反动的一帮"，这也是荒谬的。

难道在最近这次选举中有人向手工业者、小工业家等等以及农民说过：对我们说来，你们同资产者和封建主一起只组成反动的一帮吗？

▎解读《哥达纲领批判》▎

拉萨尔熟知《共产主义宣言》，就像他的信徒熟知他写的福音书一样。他这样粗暴地歪曲《宣言》，不过是为了粉饰他同专制主义者和封建主义者这些敌人结成的反资产阶级联盟。

此外，在上面这一段，他的格言是勉强塞进去的，它同那句从国际章程中摘来但被歪曲了的引语毫不相干。这纯粹是一种狂妄无耻的做法，而且绝对不是俾斯麦先生所不喜欢的，这是柏林的马拉所干的廉价的蛮横行径之一。

《哥达纲领》草案第四条中有两句话，第一句话是"劳动的解放应当是工人阶级的事情"；第二句话是"其他一切阶级只是反动的一帮"。其中第一句话"劳动的解放应当是工人阶级的事情"是从国际工人协会临时章程的导言中抄来的，但是经过"修订"、修改了的。国际工人协会①临时章程导言中写道："工人阶级的解放应当是工人自己的事情。"这句话是对的。工人阶级的解放的确是工人阶级自己的事情，《国际歌》中唱道："从来就没有什么救世主，也不靠神仙皇帝。要创造人类的幸福，全靠

---

① 国际工人协会简称国际，后通称第一国际，是无产阶级第一个国际性的革命联合组织，1864年9月28日在伦敦成立。马克思参与了国际工人协会的创建，是它的实际领袖，恩格斯参加了国际后期的领导工作。在马克思和恩格斯的指导下，国际工人协会领导了各国工人的经济斗争和政治斗争，积极支持被压迫民族的解放运动，坚决地揭露和批判了普鲁东主义、巴枯宁主义、拉萨尔主义、工联主义等错误思潮，促进了各国工人的国际团结。国际工人协会在1872年海牙代表大会以后实际上已停止了活动，1876年7月15日正式宣布解散。国际工人协会的历史意义在于它"奠定了工人国际组织的基础，使工人做好向资本进行革命进攻的准备"（见《列宁全集》中文第2版第36卷第290页）。

第二章 共产主义从来都不是一蹴而就的

我们自己！"无产阶级的解放不能幻想、不能寄希望于当权者、统治阶级发慈悲、恩赐，而是要靠自己的奋斗、革命来争取。可是，《哥达纲领》草案却把它改成"劳动的解放应当是工人阶级的事情"，"工人阶级"应当解放"劳动"，这是什么意思？何为劳动的解放？劳动怎么解放？谁能了解？马克思讽刺说："就让他去了解吧！"

《哥达纲领》中讲道："劳动的解放应当是工人阶级的事情，对它说来，其他一切阶级只是反动的一帮。"这里的"其他一切阶级"就是"中间等级"，主要是农民。事实上，包括农民在内的"中间等级"并不是"反动的一帮"，农民受容克地主、土地所有者的剥削和压迫，是反对普鲁士封建专制制度的革命力量，是无产阶级的天然可靠的同盟军。马克思主义认为，无产阶级和农民的巩固联盟是社会主义革命胜利的决定性条件，特别是在农民占多数的国家更是如此。所以，加强工农联盟非常重要。《哥达纲领》之所以抹杀农民的革命性，完全是为了粉饰拉萨尔派要同普鲁士专制主义者和封建主义者这些革命的敌人结成反资产阶级联盟的企图，即为了讨好普鲁士封建地主专制政权，诬蔑农民是"反动的一帮"，否定农民的革命性。拉萨尔派同普鲁士专制主义者和封建主义者对待农民的立场、观点、态度是一致的，这根本不是无产阶级的立场。

二、"中间等级"的革命性

马克思在批判《哥达纲领》中除了无产阶级，"其他一切阶级只是反动的一帮"的错误的同时，分析了在当时德国封建专制与资本主义结合的军事帝国的社会各阶级的性质、对待革命的态度。马克思指出，正如《共产党宣言》所说："在当前同资产阶级对立的一切阶级中，只有无产阶级是真正革命的阶级。"社会化大生产形成了无产阶级高度的组织性、纪律性、先进性、团结性，对于一无所有的无产阶级来说，革命只能失去颈上的锁链，这就使他们具有革命的彻底性，大无畏的牺牲精神。当无产阶级觉醒，意识到自己被剥削、被压迫的地位，由自在的阶级转变为自为的阶级的时候，在马克思主义的指导下，一定能够推翻资本主义制度，获得自身的解放。

除了无产阶级，"其他一切阶级"就是"中间等级"，关于"中间等级"，马克思在《共产党宣言》中明确指出："中间等级，即小工业家、小商人、手工业者、农民，他们同资产阶级作斗争，都是为了维护他们这种中间等级的生存，以免于灭亡。所以，他们不是革命的，而是保守的。不仅如此，他们甚至是反动的，因为他们力图使历史的车轮倒转。如果说他们是革命的，那是鉴于他们行将转入无产阶级的队伍，这样，他们就不是维护他们目前的利益，而是维护他们将来的利益，他们就离开自己原来的立场，而站到无产阶级的立场上来。"[①]中间等级——小工业家、小商人、手工业者、农民，这些小私有者，他们往往具有两面性，一方面，为了维护他们中间等级的生存，维护他们的私

[①] 中共中央编译局.马克思恩格斯选集（第1卷）[M].北京：人民出版社，1995：282-283

第二章　共产主义从来都不是一蹴而就的

利，他们和资本家一样剥削无产阶级，希望社会稳定，不至于使他们的私利受损；另一方面，同样是为了维护他们这种中间等级的生存，以免于被实力雄厚的大资本家吞噬，他们又同资产阶级作斗争。因为中间等级具有两面性，所以，我们不能一概地说他们是"反动的一帮"，他们既具有反革命性，又具有革命性。并且马克思、恩格斯在《共产党宣言》中进一步分析："以前的中间等级的下层，即小工业家、小商人和小食利者，手工业者和农民——所有这些阶级都降落到无产阶级的队伍里来了，有的是因为他们的小资本不足以经营大工业，经不起较大的资本家的竞争；有的是因为他们的手艺已经被新的生产方法弄得不值钱了。无产阶级就是这样从居民的所有阶级中得到补充的。"①从"中间等级"行将转入无产阶级的队伍，成为无产阶级力量的补充来说，"中间等级"具有革命性。"说什么对工人阶级来说，中间等级'同资产阶级一起'并且加上封建主'只组成反动的一帮'，这也是荒谬的。"

由此，我们清楚地看到，无产阶级是革命的主力军，"中间等级"也具有革命性，是革命应该争取、联合的力量，无产阶级革命要团结一切可以团结的力量，建立最广泛的统一战线，消灭共同的敌人，革命的敌人是资产阶级和封建主阶级。尤其是"中间等级"中的农民，他们是无产阶级的可靠同盟军。工农联盟是社会主义革命胜利的决定性条件。

---

① 中共中央编译局.马克思恩格斯选集（第1卷）[M].北京：人民出版社，1995：280

第五节　真正的无产阶级

第五节，马克思批判了《哥达纲领》中散布的资产阶级的狭隘民族主义，阐明了无产阶级的国际主义。

一、资产阶级狭隘民族主义的错误

【原文】

5. "工人阶级为了本身的解放，首先是在现代民族国家的范围内进行活动，同时意识到，它的为一切文明国家的工人所共有的那种努力必然产生的结果，将是各民族的国际的兄弟联合。"

同《共产党宣言》和先前的一切社会主义相反，拉萨尔从最狭隘的民族观点来理解工人运动。有人竟在这方面追随他，而且这是在国际进行活动以后！

不言而喻，为了能够进行斗争，工人阶级必须在国内作为阶级组织起来，而且它的直接的斗争舞台就是本国。所以，它的阶级斗争不就内容来说，而像《共产党宣言》所指出"就形式来说"是本国范围内的斗争。

无产阶级革命在形式上不能不表现为国内斗争，即一个国家的无产阶级革命只能在自己国家范围内进行，反对本国的资产阶级统治。但马克思特别指出，在本质、内容上，无产阶级革命是世界革命！

马克思批判拉萨尔背弃无产阶级的爱国主义和国际主义的结

第二章 共产主义从来都不是一蹴而就的

合,用狭隘民族主义充当爱国主义,以最狭隘的民族主义观点对待工人运动,德国社会主义工人党的领袖们竟在这方面同意他、追随他,并且是在国际工人运动联盟之后!他们根本没有无产阶级国际主义的眼界和胸怀。《哥达纲领》草案中说:"工人阶级为了本身的解放,首先是在现代民族国家的范围内进行活动。"事实确实如此,无产阶级的革命斗争是在自己的国家进行的,是反对本国的统治阶级,"它的直接的斗争舞台就是本国,这是不言而喻的"。正像《共产党宣言》所指出"就形式来说"是本国范围内的斗争。但是,就内容来说,世界各国无产阶级反对资产阶级的阶级斗争的实质是一样的,是有共性的。所以,全世界的无产阶级要互相学习、互相借鉴、互相沟通、互相交流、互相支持、互相帮助、互相鼓舞、互相联合,才能更有力量,战胜强大的敌人。

二、必须加强无产阶级的国际主义

【原文】

但是,"现代民族国家的范围",例如德意志帝国,本身又在经济上"处在世界市场的范围内",在政治上"处在国家体系的范围内"。任何一个商人都知道德国的贸易同时就是对外贸易,而俾斯麦先生的伟大恰好在于他实行一种国际的政策。

而德国工人党把自己的国际主义归结为什么呢?就是意识到它的努力所产生的结果"将是各民族的国际的兄弟联合"。这句从资产阶级的和平和自由同盟那里抄来的话,是要用来代替各国

• 解读《哥达纲领批判》•

工人阶级在反对各国统治阶级及其政府的共同斗争中的国际兄弟联合的。这样，关于德国工人阶级的国际职责竟一字不提！德国工人阶级竟然应当这样去对付为反对它而已经同其他一切国家的资产者实现兄弟联合的本国资产阶级，对付俾斯麦先生的国际阴谋政策！①

实际上，这个纲领的国际信念，比自由贸易派②的国际信念还差得难以估量。自由贸易派也说，它的努力所产生的结果是"各民族的国际的兄弟联合"。但是它还做一些事使贸易成为国际性的，而决不满足于意识到一切民族只在本国从事贸易。

各国工人阶级的国际活动绝对不依赖于"国际工人协会"的存在。"国际工人协会"只是为这种活动创立一个中央机关的第一个尝试；这种尝试由于它所产生的推动力而留下了不可磨灭的成绩，但是在巴黎公社失败之后，已经不能再以它的第一个历史形态继续下去了。

---

① 俾斯麦为了镇压工人阶级的革命运动，搞了一系列阴谋活动。1871年他同法国反动头子阿道夫·梯也尔勾结，镇压了巴黎公社；1871—1872年他企图同奥匈帝国、俄国缔结一个正式协定，以便共同镇压革命的工人运动。1873年10月22日，根据俾斯麦的倡议，俄、奥、德三国皇帝缔结了协定，即"三皇协定"，规定一旦出现战争或革命的危险，三国应立即协商，采取共同行动。

② 也称曼彻斯特学派，是19世纪上半叶英国出现的资产阶级政治经济学的一个派别，其主要代表人物是曼彻斯特的两个纺织厂厂主——资产阶级政治活动家理察·科布顿和约翰·布莱特。19世纪20—50年代，曼彻斯特是自由贸易派的宣传中心。该学派提倡自由贸易，要求国家不干涉经济生活，反对贸易保护主义原则，要求减免关税并奖励出口，废除有利于土地贵族的、规定高额谷物进口关税的谷物法。1838年，曼彻斯特的自由贸易派建立了反谷物法同盟。19世纪40—50年代，该派组成了一个单独的政治集团，后来成为自由党的左翼。

第二章　共产主义从来都不是一蹴而就的

俾斯麦的《北德报》为了使其主子满意，宣称德国工人党在新纲领中放弃了国际主义，这倒是完全说对了。①

无产阶级的革命斗争，首先是在现代民族国家的范围内进行活动，即在自己的国家进行的，是反对本国的统治阶级，但是，"现代民族国家的范围"本身又处在"世界市场的范围内"，资本主义工业、商业的发展，海外贸易、世界市场的形成，世界经济的一体化，世界历史的形成，世界各国紧密相连，这种形势下，一个国家的无产阶级革命往往具有全世界意义，而不是只局限于一个国家。对于国际联合的意义，商人懂得，普鲁士政府俾斯麦先生懂得，自由贸易派懂得，一切国家的资产者懂得，只有狭隘的拉萨尔不懂得。"任何一个商人都知道，德国的贸易同时就是对外贸易"；"俾斯麦先生的伟大恰好在于他实行一种国际的政策"；自由贸易派"还做一些事使贸易成为国际性的，而决不满足于一切民族各自在本国内从事贸易的意识"；为反对工人阶级，德国资产阶级已经同其他一切国家的资产者紧密联合起来；而拉萨尔只满足于"将是各民族的国际的兄弟联合"的意识，而没有任何行动。《哥达纲领》中"各民族的国际的兄弟联合"这一口号，无论是普鲁士政府，还是德国资产阶级，都是能同意的。作为无产阶级政党纲领的《哥达纲领》不能只提"各民族的国际的兄弟联合"这样没有阶级性、革命性的口号，不是世

---

① 指1875年3月20日《北德总汇报》在每日政治新闻栏目就德国社会民主党的纲领草案发表的一篇社论，社论指出，"社会民主党的鼓动在某些方面变得比较谨慎了：它在背弃国际……"。

界各个民族之间的国际联合问题,而是全世界无产阶级联合问题。"各民族的国际的兄弟联合"是从资产阶级的和平和自由同盟①那里抄来的,是资产阶级民族主义的翻版!而无产阶级的国际主义早在《共产党宣言》中就明确地表达出来,那就是:"全世界无产者,联合起来!"没有全世界无产者的联合,就没有世界无产阶级革命的胜利,即使一国的无产阶级革命暂时取得了胜利,最终也要陷入失败。这是惊人的经验教训。所以,无产阶级在革命斗争中,必须加强无产阶级的国际主义!

对于在《哥达纲领》中关于"工人阶级为了本身的解放,首先是在现代民族国家的范围内进行活动,同时意识到,它的为一切文明国家的工人所共有的那种意图必然导致的结果,将是各民族的国际的兄弟联合"的提法,德国普鲁士政府的《北德报》都看出了德国社会主义工人党这是放弃了全世界无产阶级联合的国际主义。德国社会主义工人党的领袖们,难道他们会没有意识到这个问题上的错误?

---

① 指国际和平和自由同盟。这是由一批小资产阶级共和主义者和自由主义者(包括维克多·雨果、朱塞佩·加里波第等人)于1867年在瑞士的日内瓦建立的资产阶级和平主义组织。1867—1868年,巴枯宁参加了同盟的领导工作,同盟在巴枯宁的影响下企图利用工人运动和国际工人协会来达到自己的目的。和平和自由同盟曾宣称通过建立"欧洲联邦"可以消除战争。这一思想反映了小资产阶级广大阶层的和平愿望,但在群众中散布了荒谬的幻想,诱使无产阶级放弃阶级斗争,马克思指出,这一组织是"为同无产阶级国际相对抗而创立的国际资产阶级组织"。

第三章　令人难以容忍的《哥达纲领》

第一节　"铁的工资规律"

【原文】

"德国工人党从这些原则出发，用一切合法手段去争取建立自由国家——和——社会主义社会：废除工资制度连同铁的工资规律——和——任何形式的剥削，消除一切社会的和政治的不平等。"

关于"自由"国家，我后面再讲。

……

大家知道，在"铁的工资规律"中，除了从歌德的"永恒的、铁的、伟大的规律"中抄来的"铁的"这个词以外，没有什么东西是拉萨尔的。"铁的"这个词是正统的信徒们借以互相识别的一个标记。但是，如果我接受带有拉萨尔印记因而是拉萨尔所说的意义上的规律，我就不得不连同他的论据一起接受下来。这个论据是什么呢？正如朗格在拉萨尔死后不久所表明的，这就是（朗格自己宣扬的）马尔萨斯的人口论。但是，如果这个理论是正确的，那么，我即使把雇佣劳动废除一百次，也还废除不了这个规律，因为在这种情况下，这个规律不仅支配着雇佣劳动制度，而且支配着一切社会制度。经济学家们50多年以来正是以此为根据证明，社会主义不能消除自然本身造成的贫困，而只能使它普遍化，使它同时分布在社会的整个表面上！

一、马尔萨斯人口论

马尔萨斯（1766—1834），英国经济学家，著有《人口原理》《政治经济学原理》，1798年创立"马尔萨斯人口论"。

马尔萨斯认为，人口在无限制时以几何级数率增长，即以 2^0、2^1、2^2……也就是1、2、4、8、16、32、64、128、256、512……的情况增加，若不加控制，每25年可增加一倍；人们的物质生活资料将以1、2、3、4、5、6、7、8、9、10的算术级数增加率增加。人口繁殖力与土地生产力明显不平衡，社会物质财富的增加赶不上人口的增长是自然的、永恒的规律。因此，只有通过饥饿、繁重的劳动、限制婚育、战争等手段来消灭社会下层，消灭多余的人口，才能削弱这个规律的作用。

马尔萨斯认为人类生存有两个固定的法则："第一，食物为人类生存所必需。第二，两性间的情欲是必然的，且几乎会保持现状。"据此，马尔萨斯总结出三条规律：第一，人口的增长必然会受到生活资料的限制。第二，只要有生活资料，人口便会增加。第三，人口数量与生活资料之间最终将通过"抑制"实现均衡。基于以上基本观点，马尔萨斯得出以下三条结论：

第三章　令人难以容忍的《哥达纲领》

第一，周期性的贫困无法避免，社会制度不是导致贫困和失业的关键原因。马尔萨斯依据人口自然法则认为，无论社会生产力如何发展，贫困这一专横而无处不在的自然法则可以把人口数量控制在规定的范围内。这时，生活资料刚好可以满足当时人的生存需要，于是，人们在情欲和充足的食物的促使下不断生育，"人口增加的能力远远大于土地生产人类生活资料的能力，因而人类必然会在这种或那种情况下过早地死亡"，社会下层阶级便周而复始地困于贫困。同时，马尔萨斯认为："虽然人类制度似乎是造成人类许多灾祸的明显和突出的原因，但实际上它们是不重要的、表面的原因。"在此，马尔萨斯否认了资本主义政治经济制度对社会下层阶级的贫困和失业应负的主要责任。

第二，工人的工资受人口自然法则的支配，劳动者的生活境遇在"好转"和"恶化"间不断徘徊。当劳动者人数多于市场所能提供的工作岗位时，劳动者的工资趋于下降，与此同时食物价格上涨。"所以，劳动者要挣得和以前同样多的工资，就得更卖力地工作。在这种艰苦时期，结婚会受到严重阻碍，养家糊口也难上加难，以致人口处于停滞状态。"此时，劳动者价格低廉且数量充裕，迫使一部分工人返乡耕种土地以获取生活资料。这种情况会一直持续到人口数量恢复到均衡的比例，不过工人生活"好转"后又会周而复始回归"恶化"。工人工资看似或涨或跌，实际上始终在维持生活最低水平的那条红线上下徘徊。

第三，财产私有制是人口自然法则作用的结果，有助于社会的发展进步。马尔萨斯认为建立在财产公有制基础上的平等制度是一种幻想，"人无法生活在富裕当中，并非一切人都能同等地分享自然的恩赐"。他提出如果抛弃了财产私有制度，人们就会为一点财产而你争我夺，没有人再有时间和精力去仰望星空、思考社会的进步。因此，他认为财产私有制是人口自然法则作用的必然结果，有助于提高人类的智慧，让坐拥财产的精英推动社会的进步，在一定程度上能够减少贫困和罪恶的发生。

马尔萨斯提出两类抑制人口增长的方法——道德抑制、积极抑制。道德抑制是指人们通过各种人类主观努力从道德上限制生殖本能，降低出生率，即通过晚婚、禁欲、不婚独身、节育、不育控制人口出生率；但是，如果人们未能通过道德抑制控制住人口的增长，则积极抑制——恶习、贫困、战争、疾病、瘟疫、洪水等各种形式的灾难将会促使人口减少，以达到人口增长与食物供给之间的平衡。马尔萨斯认为，积极抑制是残酷的，人们应该主动采用道德抑制，以避免恶习、贫困发生。大自然法则是，必须使人口与社会物质生产之间保持平衡。

马尔萨斯利用他的人口论，首先反对葛德文等人的社会改革论。马尔萨斯认为，资本主义社会的贫穷和罪恶不是社会经济、政治制度造成的，而是人口规律作用的结果，马尔萨斯把资本主义制度的一切问题和灾难都归结为人口过剩的结果。而废除财产私有制，实行婚姻自由，改善和提高人们生活水平，势必刺激生产多余的人口，人口的增加最终使建立起来的平等社会制度趋于瓦解。因此，只有保持财产私有制以及个人担负起养育自己子女的责任，才能使人们自制，不至于生育过多的人口。所以，财产私有制是在符合人性的"人口自然规律"的支配下产生的，它是永恒存在而不会被推翻的;其次,马尔萨斯竭力反对当时英国的济贫法,认为济贫法使不能独立供养家庭的人也将结婚、生育子女,这是供养贫民以再创造贫民。他宣扬,贫民产生的原因是他自身的贫困,救济的手段应在他自己身上而不在于别人,政府和社会对此完全无力;再次,马尔萨斯宣扬工人的工资水平取决于工人人口数量的多寡。他认为一国的生活资料的数量是一定的,如果人口增长超过生活资料的增长、劳动力人数超过劳动市场需求的比例,就会使工人工资下降、生活恶化,从而使工人人口繁殖减少;相反,工人人数众多、工资低廉,工人为维持自己的生存,就必须加倍努力工作,从而促进了生产的发展。直到后来,物质生活资料和人口数量保持一定比例,于是工人生活获得改善,工资又提高,人口又会增加,工人的生活又会再度恶化。工人工资水平就是这样随着人口的增减而上下波动。

马尔萨斯人口论是近代人口学诞生的标志。该理论存在很多问题,特别是作为精确的人口增长与食物增长的比例关系缺乏充足的事实根据,也没有认识到社会发展与科技进步给人们的生育观及食物供应水平带来的巨大影响。马尔萨斯人口论有价值的地方在于,马尔萨斯意识到,一个国家人口的增长要与物质生活资料的增长保持适当的比例关系,人类必须控制人口,人口增长必须要有一个适当的限度。

二、与马尔萨斯人口论一脉相承的庸俗工资理论

拉萨尔在其代表作《公开答复》中首次阐述了他的所谓"铁

的工资规律"——"在现今的关系下,在劳动的供求的支配下,决定着工资的铁的经济规律是这样的:平均工资始终停留在一国人民为维持生存和繁殖后代按照习惯所要求的必要的生活水平上。这是这样的一个中心点,实际的日工资总是在它周围摆动,既不能长久地高于它,也不能长久地低于它。实际的日工资不能长期地高于这个平均数;因为,否则由于工人的状况有所改善,工人结婚和繁殖后代就会增加,从而人手的供应就会增加,结果又会把工资压低到原来的或者低于原来的水平。工资也不可能长期地大大低于这个必要的生活水平。因为那时就会发生人口外流、独身生活、节制生育,以致最后由于贫困而造成工人人数减少等现象,这样,就会使工资重新回到它原来的较高的水平。这是在现今条件下,支配着工资的严酷的铁的规律。"

拉萨尔宣称存在铁的工资规律,他认为存在这样一个中心点,工人实际的日工资总是在它周围摆动,既不能长久地高于它,也不会长久地低于它。既然工人工资水平是无法提高的,那么工人就应该放弃旨在提高工资的各种形式的斗争,如放弃罢工、暴动、游行示威等。既然工人的贫困是由"铁的工资规律"造成的,那么"解放工人阶级的唯一道路,废除那个置工人等级于死地的决定工资的严酷规律的唯一道路,是通过国家帮助促进并发展自由的个体的工人合作社",使工人获得全部劳动所得;但是,怎样才能使国家实行这种干预呢?"这只有通过普遍的直接的选举权才能实现";为此,"你们应当组织一个全德工人联合会","进行合法的、和平的但又是孜孜不倦的、不停顿的鼓

第三章 令人难以容忍的《哥达纲领》

动"。这是彻头彻尾地只反对资产阶级不反对封建专制普鲁士政府的机会主义。

拉萨尔不仅没有意识到马尔萨斯人口理论的错误，而且执迷于思考如何应用这一规律。他在其政治纲领中以是否承认"铁的工资规律"和知晓如何排除这一规律，作为衡量一个人有没有资格引领工人运动的标准。拉萨尔在《公开答复》中告诉工人们，假如有人宣称要改善工人阶级的状况，那么首先要问他是否承认这规律，假如他不承认，证明他对国民经济学一窍不通，假如他承认，那便要追问他如何应对这一"铁的规律"，如果他不知道，那证明他只不过是空想者。由此可见，拉萨尔直接将"铁的工资规律"错误地放在了无产阶级革命理论的重要位置。

拉萨尔所谓"铁的工资规律"中的"铁的"一词是"从歌德的'永恒的，铁的，伟大的规律'中抄来的"。"铁的工资规律"之所以称之为"铁的工资规律"，是因为拉萨尔认为资本主义条件下，工人工资随着劳动力供求关系上下波动，这是一条永恒不变的自然规律。

拉萨尔错误的论据是马尔萨斯人口论。马克思在《哥达纲领批判》中指出："如果我接受带有拉萨尔印记因而是拉萨尔意义下的规律，那么我就不得不连同他的论据一块接受下来。这个论据是什么呢？正如朗格在拉萨尔死后不久的言行所表明的，这就是（朗格自己宣扬的）马尔萨斯的人口论。"铁的工资规律理论不过是马尔萨斯人口论的抄袭、翻版。看看拉萨尔"铁的工资规律"中的这段话："由于工人的状况有所改善，工人结婚和繁殖后代就会增加，从而人手的供应就会增加，结果又会把工资压低到原来的或者低于原来的水平。工资也不能长期地大大低于这个必要的生活水平。因为那时就会发生人口外流、独身生活、节制生育，以致最后由于贫困而造成工人人数减少等现象，这样，就会使工资重新回到它原来的水平。"再看看马尔萨斯人口论中的这段话："工人工资水平取决于工人人口的多寡。一国的生活资料是一定的，如果人口增加超过了生活资料的增长、工人人数超过劳动市场需求的比例，就会使工资下降和工人生活恶化，从而使工人繁殖减少，人口增加减少。工资低廉，工人人数众多，工人为维持自己的收入，就必须加倍地努力工作，从而促进生产的发展。直到后来，生活资料和人口保持同一比例，于是工人生活获得改善，工资又提高，对人口限制又会放松，工人的生活会再度恶化。工资水平就是这样随人口的增减而上下波动。"两段话如出一辙！

接受了拉萨尔"铁的工资规律"，好像没有什么原则问题，但是，马克思却看出了隐藏在背后的东西，接受了拉萨尔"铁的工资规律"就等于接受了马尔萨斯人口论，就等于否定了社会主义革命的必要性！马克思在这里还指出，马尔萨斯人口论、拉萨尔"铁的工资规律"的危害还在于，他们认为社会主义不能消除贫困，只能造成普遍贫穷，这是马尔萨斯人口论的结论。

《哥达纲领批判》并不是马克思第一次对马尔萨斯的人口理论进行批判的文本，在写于1847的《雇佣劳动和资本》中，马克思已经认识到决定工资范畴的本质是雇佣劳动和资本的关系，而

第三章 令人难以容忍的《哥达纲领》

不是马尔萨斯所谓的人口法则,从而揭示了工资运动的真正规律。在《资本论》第一卷中,马克思在系统阐释工资理论的同时,否定了马尔萨斯提出的失业与社会政治制度无关,而是人口增长导致的劳动力绝对过剩的观点,并揭露了失业现象的本质并不是绝对人口的剩余,而是在资本主义生产方式下的人口相对过剩。除了马克思,恩格斯早在《国民经济学批判大纲》中也指出马尔萨斯的人口理论是"卑鄙下流的学说",因为按照马尔萨斯的逻辑,"要是我们愿意彻底一些,那我们就得承认:当地球上还只有一个人的时候,就已经人口过剩了"。面对《哥达纲领》中充满着拉萨尔理论色彩的草案条例,马克思在批判拉萨尔依据马尔萨斯人口理论提出的"铁的工资规律"时,连带着再一次否定了马尔萨斯的人口理论,以此与拉萨尔主义者的错误理论划清了界限,表明了自己的立场,促使人们理性地看待人口增长与社会发展、工资提升的关系。

三、废除雇佣劳动制度

【原文】

这样,德国工人党将来就必须信奉拉萨尔的"铁的工资规律"了!为了不让它埋没掉,竟胡说什么"废除工资制度?应当说:雇佣劳动制度?连同铁的工资规律"。如果我废除了雇佣劳动,我当然也就废除了它的规律,不管这些规律是"铁的"还是海绵的。但是拉萨尔反对雇佣劳动的斗争几乎只是围绕着这个所谓的规律兜圈子。所以,为了证明拉萨尔宗派已经获得胜利,应当废除"工资制度连同铁的工资规律",而不是不连同后者。

工资制度和雇佣劳动制度的差别：这里的工资制度是指工人为资本家劳动，资本家支付给工人工资。雇佣劳动制度是指资本家雇佣工人为其劳动，从中获得利润，工人出卖劳动力给资本家，作为维持自身生存的手段。工资制度就是雇佣劳动制度。但是，工资制度的叫法从表面上看不出工资的实质，看不出其中资本家对工人的剥削，工人为资本家劳动，资本家支付给工人工资，貌似公平合理，而其中实质掩盖着资本家对工人剩余价值的剥削。雇佣劳动制度的叫法从表面上就能看出资本家与工人的不平等，雇佣劳动，资本家是雇主，工人受雇于资本家，雇主一定是指使雇员的，并且资本家之所以雇佣工人，一定是有利可图的，其中一定存在着资本家对工人的剥削。所以，在《哥达纲领批判》中，马克思还是认为叫雇佣劳动制度更准确，更能揭露资本家和工人关系的实质。所以，文中有"废除工资制度（应当说：雇佣劳动制度）……"的强调说明。

拉萨尔把"反对雇佣劳动的斗争"模糊为"废除工资制度"，而工资又"是劳动力的价值或价格的掩蔽形式"，这种"模糊"实质上是模糊、淡化工人运动消灭私有制、废除雇佣劳动制度的奋斗目标。更进一步，拉萨尔又把"废除工资制度"连同"铁的工资规律"联系在一起，如此，"反对雇佣劳动的斗争"几乎只是绕着"铁的工资规律"兜圈子，而"铁的工资规律"又是一条拉萨尔认为的永恒不变的自然规律，"即使把雇佣劳动废除了一百次，也还废除不了这个规律"，如此，废除雇佣劳动制度思想就被彻底湮没、无影无踪了。

第三章　令人难以容忍的《哥达纲领》

第二节　你不知道的工资理论和剩余价值学说

一、工资是劳动力价值的掩盖形式

【原文】

但是，这一切都不是主要的。完全撇开拉萨尔对这个规律的错误表述不谈，真正令人气愤的退步在于：

自从拉萨尔死后，在我们党内，这样一种科学见解已经给自己开辟了道路，就是工资不是它表面上呈现的那种东西，不是劳动的价值或价格，而只是劳动力的价值或价格的隐蔽形式。

"铁的工资规律"是拉萨尔根据马尔萨斯人口论和歪曲李嘉图的工资理论杜撰而成的。拉萨尔的错误在于，把工人工资看作是劳动而不是劳动力的价值或价格，这显然是将事物的现象视为本质的误判。工资从表面上是看不出它的实质问题的，表面上，工人为资本家劳动，资本家支付给工人工资，貌似公平合理，而其中实质掩盖着资本家对工人剩余价值的剥削。马克思指出："工资不是它表面上呈现的那种东西，不是劳动的价值或价格，而只是劳动力的价值或价格的掩盖形式。"工人出卖给资本家的是劳动力，不是劳动，"当工人的劳动实际上开始了的时候，它就不再属于工人了，因而也就不再能被工人出卖了"。劳动力是劳动的能力，劳动是劳动力的表现，是劳动力的使用过程。劳动是价值的实在内容，也是衡量价值的内在尺度，劳动力和劳动是两个不同的概念。拉萨尔正是混淆了劳动力和劳动这两个概念，把工人工资当作劳动的价值或价格，没有发现工资是劳动力的价值或价格的掩盖形式，其中掩盖着资本家对工人剩余劳动的剥削。拉萨尔把注意力放在工人工资与劳动力的供求关系上，认为工人工资低廉是人口过剩、劳动力供过于求的自然原因，而不是根源于资本主义雇佣劳动制度。

马克思用深厚的政治经济学学养指出，资本家购买的是工人的劳动力，而不是劳动，资本家生产的目的就是追求利润，剥削工人的剩余劳动，不论是劳动力市场供过于求，还是供不应求，资本家都要获利，都不会给工人全部劳动报酬，获利是资本家的第一原则；工人的工资不论是偏高还是偏低，永远不会是工人全部劳动成果。并且，影响工人工资水平的因素是众多的，影响工资的规律不仅不是铁的，而且是富有弹性的，"不管这些规律是'铁的'还是海绵的"。工人通过斗争是能够提高自己的待遇、改善自己的处境的，工人应该不放弃任何形式的斗争。劳动力价格低廉最深刻的根源在于资本主义雇佣劳动制度，只有通过无产阶级革命，推翻资本主义雇佣劳动制度，才是劳动者摆脱贫困的唯一正确道路。

二、资本家对工人绝对剩余价值和相对剩余价值的剥削

【原文】

这样，过去关于工资的全部资产阶级见解以及对这种见解的全部批评都被彻底推翻了，并且弄清了：雇佣工人只有为资本家

第三章 令人难以容忍的《哥达纲领》

（因而也为同资本家一起分享剩余价值的人）白白地劳动一定的时间，才被允许为维持自己的生活而劳动，就是说，才被允许生存；整个资本主义生产体系的中心问题，就是用延长工作日，或者提高生产率，增强劳动力的紧张程度等等办法，来增加这个无偿劳动；因此，雇佣劳动制度是奴隶制度，而且劳动的社会生产力越发展，这种奴隶制度就越残酷，不管工人得到的报酬较好或是较坏。而现在，当这个见解在我们党内越来越给自己开辟出道路的时候，竟有人倒退到拉萨尔的教条那里去，虽然他们应当知道，拉萨尔并不懂得什么是工资，而是跟着资产阶级经济学家把事物的外表当做事物的本质。

这正像奴隶们终于发现了自己受奴役的秘密而举行起义时，其中有一个为陈旧观念所束缚的奴隶竟在起义的纲领上写道：奴隶制度必须废除，因为在奴隶制度下，奴隶的给养最多不能超过某个非常低的标准！

我们党的代表们竟如此粗暴地践踏这个在党员群众中广泛传播的见解，仅仅这一事实岂不就证明了他们在草拟妥协纲领时是多么令人不能容忍地轻率，多么无耻！

本段末尾"消除一切社会的和政治的不平等"这一不明确的语句，应当改成：随着阶级差别的消灭，一切由这些差别产生的社会的和政治的不平等也自行消失。

《哥达纲领》草案从马克思剩余价值理论倒退到拉萨尔"铁的工资规律"，倒退到马尔萨斯的人口论。马克思《哥达纲领批判》批判了拉萨尔"铁的工资规律",再次阐述了马克思《资本论》中的工资理论和剩余价值学说。

马克思在《资本论》中指出,要从一种商品的使用上取得价值,我们的货币所有者——资本家就必须在流通领域内发现这样一种商品,这种商品的使用价值本身具有成为价值源泉的特殊属性,它的实际使用就是价值的再创造。货币所有者——资本家在市场上找到了这种特殊商品——劳动力。劳动力是在活的人体中存在的、每当人生产某种使用价值时就运用的人的体力和智力的总和。劳动力所有者——工人要把劳动力当作商品出卖,首先,他必须是自己的劳动能力的自由的所有者。劳动力所有者——工人和货币所有者——资本家在市场上相遇,彼此作为身份平等的商品所有者发生关系,双方是在法律上平等的人。其次,劳动力所有者没有可能出卖有自己的劳动物化在内的商品,工人一无所有,不得不把只存在于他的活的身体中的劳动力本身当作商品出卖。"劳动力的买和卖是在流通领域或商品交换领域的界限以内进行的……原来的货币占有者作为资本家,昂首前行;劳动力占有者作为他的工人,尾随于后。一个笑容满面,雄心勃勃;一个战战兢兢,畏缩不前,像在市场上出卖了自己的皮一样,只有一个前途——让人家来鞣。"① "让我们同货币占有者和劳动力占有者一道,离开嘈杂的、表面的、有目共睹的领域,跟随他们两人进入门上挂着'非公莫入'牌子的隐蔽的生产场所吧!在那里,不仅可以看到资本是怎样进行生产的,而且还可以看到资本

---

① 马克思. 资本论: 第 1 卷 [M]. 北京: 人民出版社, 2018: 204-205.

第三章 令人难以容忍的《哥达纲领》

本身是怎样被生产出来的。"①剩余价值理论是马克思一生的两个伟大发现之一。通过剩余价值理论马克思揭开了资本主义生产的秘密。

马克思对剩余价值秘密的揭示是通过对劳动过程的解析开始的。资本主义的生产过程是劳动过程和价值增值过程的统一。资本主义劳动过程展示出两个特殊的现象：第一，工人在资本家的监督管理下劳动，工人的劳动属于资本家。第二，劳动产品是资本家的所有物。单纯的价值形成过程是劳动对象和劳动资料的价值通过工人的具体劳动把它们转移到产品中去，并成为产品价值的一个组成部分。在这个价值形成过程中，如果工人在一天里新创造的价值正好等于劳动力的价值，那么，它就是单纯的价值形成过程。这个过程的结果是：预付的资本价值没有增殖，没有生产出剩余价值来，货币也没有转化为资本。所以，单纯的价值形成过程不符合资本家生产的目的，资本家必须要把它变为价值增值过程。

工人劳动本身创造的新价值，是通过工人的抽象劳动附加到劳动对象上，并成为产品价值的另一个组成部分。劳动力商品的"独特的使用价值，即它是价值的源泉，并且是大于它自身的价值的源泉"。劳动力的价值和劳动力在劳动过程中创造的价值——劳动的价值是两个不同的量，资本家购买劳动力时，正是看中了这个差额。既然资本家购买了工人的劳动力，那么，劳动力的使用权也是属于资本家的。因此，资本家不仅要工人在必要

---

① 马克思.资本论：第 1 卷 [M].北京：人民出版社，2018：204.

劳动时间内生产出劳动力价值的等价物，并且要超过这个一定点，在必要劳动时间以上提供出剩余劳动时间，在补偿劳动力价值的等价物之上创造出更多的价值——超出劳动力自身价值的价值。于是，工人的劳动不仅补偿了劳动力的价值——资本家支付给工人的工资，而且生产出剩余价值。这也就是马克思在本文所说的："雇佣工人只有为资本家（因而也为同资本家一起分享剩余价值的人）白白地劳动一定的时间，才被允许为维持自己的生活而劳动，就是说，才被允许生存。"这样，单纯的价值形成过程便转变为价值增值过程：第一，资本家预付的货币已经发生了价值增值，生产出剩余价值，货币最终转化为资本；第二，价值增值过程是在遵守价值规律的基础上实现的，资本总公式的矛盾解决了。货币转化为资本的过程，首先要通过流通过程用货币购进劳动力商品，然后通过劳动力商品的使用来实现货币价值的增值，货币转化为资本，生产出剩余价值。

资本家剥削工人的剩余价值有两种形式：绝对剩余价值和相对剩余价值。绝对剩余价值是通过延长工人劳动时间，增加剩余劳动时间获得的剩余价值；相对剩余价值是通过提高工人劳动强度获得的剩余价值。这也就是马克思在本文所说的，"整个资本主义生产体系的中心问题，就是用延长工作日，或者提高生产率，增强劳动力的紧张程度等等办法，来增加这个无偿劳动"。由此，马克思尖锐地指出："雇佣劳动制度是奴隶制度，而且劳动的社会生产力越发展，这种奴隶制度就越残酷，不管工人得到的报酬较好或是较坏。"

第三章 令人难以容忍的《哥达纲领》

　　当马克思《资本论》的工资理论和剩余价值学说在无产阶级政党内越来越为自己开辟出道路，越来越被广大无产阶级所公认的时候，《哥达纲领》竟倒退到拉萨尔充满马尔萨斯人口论的铁的工资规律那里去，"这正像奴隶们终于发现了自己受奴役的秘密而举行起义时，其中有一个为陈旧观念所束缚的奴隶竟在起义的纲领上写道：奴隶制度必须废除，因为在奴隶制度下，奴隶的给养最多不能超过某个非常低的标准"。仅仅这一事实就证明起草《哥达纲领》的德国社会主义工人党的领袖们在草拟纲领时轻率得多么令人难以容忍！

　　纲领是党的领袖们对党的惊人侵犯！马克思并不因为他们是党的领袖而轻易放过他们的错误，认为他们的轻率"多么令人不能容忍，多么缺乏责任感"。

　　《哥达纲领》草案的末尾"消除一切社会的和政治的不平等"是一个不明确的语句，什么时候、怎样才能"消除一切社会的和政治的不平等"？马克思指出，这句话"应当改成：随着阶级差别的消灭，一切由此差别产生的社会的和政治的不平等也就自行消失"。《哥达纲领》草案作为党的纲领应该鲜明地写上：消灭资产阶级，消灭阶级差别，实现社会的和政治的平等！

　　马克思一再强调，只有把平等理解为消灭阶级，对于无产阶级来说才有真正的意义。也就是说离开消灭阶级讲平等，对无产阶级来说是毫无意义的。因此，马克思一定要把看似没有什么问题的"消灭不平等"改为"消灭阶级"。

第四章 社会主义只能来自社会革命

第一节 建立生产合作社靠的不是幻想

一、依靠国家为解决社会问题开辟道路

【原文】

"为了替社会问题的解决开辟道路,德国工人党要求在劳动人民的民主监督下,依靠国家帮助建立生产合作社。在工业和农业中,生产合作社必须广泛建立,以致能从它们里面产生总劳动的社会主义的组织。"

在拉萨尔的"铁的工资规律"之后,就是这个先知提出的救世良方!"道路"确实"开辟"得不错!现存的阶级斗争被换上了拙劣的报刊作家的空话——要"开辟道路"来"解决"的"社会问题"。

"为了替社会问题的解决开辟道路,德国工人党要求在劳动人民的民主监督下,依靠国家帮助建立生产合作社。在工业和农

第四章 社会主义只能来自社会革命

业中，生产合作社必须广泛建立，以致能从它们里面产生总劳动的社会主义的组织。"这段话是马克思《哥达纲领批判》第三章引用并进行批判的《哥达纲领》草案中的思想观点。这里面有三个关键词"国家帮助""合作社"和"社会主义组织"。"调节总劳动的社会主义组织"只能通过无产阶级反对资产阶级的阶级中产生，放弃阶级斗争手段，转而寄希望于国家给予生产合作社的"国家帮助"来建立"生产合作社"不能产生任何实际效果，产生这种想法是十分幼稚可笑的。拉萨尔之所以把希望寄予国家对无产阶级的帮助，与他独特的国家观念有关。拉萨尔认为："只要国家是合法的，这时国家无论在什么地方实际上都会势所必然地成为增进全体人民福利的工具。"因此，"没有国家的帮助单靠自愿的合作事业，工人是不可能实现他们的经济解放的"[①]。拉萨尔到底还是太过天真，他不明白国家具有深刻的阶级性，国家本质上是统治阶级进行阶级统治的工具，是阶级压迫的产物，从来都只是为维护统治阶级利益服务的。一个资产阶级性质的国家政权是不可能真心实意地帮助自己的"掘墓人"去建立一个敌对于自身的"社会主义组织"，一个无产阶级当家做主的新社会的。连他的法国前辈路易·勃朗都明白："如果不去触动土地和资本的私有制，即使能够利用自愿的合作事业来改善小集体的劳动者的境遇，那也不可能改变工人阶级普遍受剥削的状况。"[②]

---

① [英] G.D.H. 柯尔. 社会主义思想史（第2卷）[M]. 北京：商务印书馆，1978：83.
② [英] G.D.H. 柯尔. 社会主义思想史（第2卷）[M]. 北京：商务印书馆，1978：83.

在拉萨尔"铁的工资规律"之后，就是拉萨尔提出的这个"济世良方"——依靠现存普鲁士国家帮助建立生产合作社，无论是在工业中，还是在农业中。马克思讽刺说："'道路开辟'得确实不错。"作为指导工人运动的党纲，现存的阶级斗争、工人运动向何处去、怎么走不提，换上了拙劣的：需要"开辟道路"来"解决"社会问题。依靠现存国家帮助建立生产合作社完全是另外开辟一条路，这条路与工人运动、无产阶级反对资产阶级的阶级斗争，推翻资产阶级的统治，建立自己的生产合作社的道路根本就是两条路。依靠国家帮助建立生产合作社是普鲁士国家政府在维持现政权的基础上自上而下的社会改良；而无产阶级反对资产阶级的阶级斗争，推翻资产阶级的统治，建立自己的生产合作社，是自下而上的社会革命。依靠现存国家帮助建立的生产合作社和工人自己建立的生产合作社，完全不是一回事。而无论是从当时马克思的理论预言还是后面发生的历史事实都证明，抛弃阶级斗争，妄图依靠现存国家帮助建立生产合作社是行不通的。正如《哥达纲领》草案起草者之一、时任爱森纳赫派领导人的威廉·李卜克内西晚年回忆道："仅仅是单方面地向资产阶级进攻，只会对容克阶级有利；只期待一般选举权，而没有自由结社集会的权利，没有新闻自由，那么这种选举权无非只是作为反动派的工具而已；而那种由容克政府提供的'国家帮助'纯粹是为了笼络工人，为反对派的目的服务。"① 晚年的威廉·李卜

---

① [德]威廉·李卜克内西. 一个革命士兵的回忆 [M]. 北京：人民出版社，1980：23-24.

克内西回忆自己思想由幼稚到成熟的变化,坦然写道:"虽然我惭愧地承认,我年轻的时候也曾写过一些诗。不过那是谁也免不了的一种幼稚病,幸运的是我的这种幼稚病很快就彻底痊愈了"①,"自从我有思考能力以来,我就是一个共产主义者,并将作为一个共产主义者奋斗终生"②。从回忆录来看,经历了岁月沉淀和内心反省的威廉·李卜克内晚年接受了马克思和恩格斯当年的批评,经历思想蜕变后成为一名成熟的马克思主义者,只是当初的他还看不到这一点。

二、由国家而不是由工人独立创设生产合作社

【原文】

"总劳动的社会主义的组织"不是从社会的革命转变过程中,而是从国家给予生产合作社的"国家帮助"中"产生"的,并且这些生产合作社是由国家而不是由工人"建立"的。这真不愧为拉萨尔的幻想:靠国家贷款能够建设一个新社会,就像能够建设一条新铁路一样!

"调节总劳动的社会主义组织"是指无产阶级专政的社会主义国家。无产阶级专政的社会主义国家如果不是从无产阶级同资产阶级的阶级斗争、无产阶级的社会革命过程中转变而来,而是

---

① [德]威廉·李卜克内西.一个革命士兵的回忆[M].北京:人民出版社,1980:15.
② [德]威廉·李卜克内西.一个革命士兵的回忆[M].北京:人民出版社,1980:17.

从现存德国普鲁士国家给予社会主义生产合作社的"国家帮助"中"产生出来",这纯粹是拉萨尔一厢情愿的幻想!现存的德国普鲁士专制国家不会自我否定、自行灭亡、自发地进入社会主义。社会主义是人类历史上全新的社会制度,社会主义代替资本主义是公有制社会代替私有制社会,是由阶级社会向无阶级社会的过渡,是消灭一切剥削阶级,这必将通过一场最深刻、最彻底的社会革命才能实现。现存的德国普鲁士专制国家迫于形势的压力,只能在不改变其专制制度的情况下,做一些适度的调整和改良,而不可能自行放弃自己的统治,帮助无产阶级建立社会主义的生产合作社。事实也是如此,1878年,也就是德国社会主义工人党成立的第三年,德国议会通过俾斯麦提出的《镇压社会民主党企图危害治安的法令》,禁止德国社会民主党的活动,使德国社会民主党处于非法地位,处于白色恐怖之中。

社会主义生产合作社不能依靠普鲁士的"国家帮助"建立,而只能由工人通过无产阶级同资产阶级的阶级斗争、无产阶级的社会革命自己"建立起来"。马克思讽刺拉萨尔,你以为建设一个新社会,就像靠国家贷款建设一条新铁路一样吗!建设一条新铁路对人人有利,对资产阶级有利,对无产阶级有利,对国家政府也有利,因而,在条件允许的情况下,国家可能出钱建设一条新铁路;而建设一个新社会,对无产阶级有利,但它要消灭资产阶级和一切剥削阶级,变革现存社会制度,现存普鲁士国家是绝不会答应的、绝不会帮助的。

在《共产党宣言》中,马克思写道:"(自原始社会解体以

第四章　社会主义只能来自社会革命

来）至今一切社会的历史都是阶级斗争的历史。"①这并不是说阶级斗争是人类历史的全部，除此之外再无其他，而是表明人类历史与阶级斗争密不可分。原始社会时期，阶级还没有产生，因而也自然不存在阶级斗争。阶级和阶级斗争都是历史概念。在原始社会时期，人类生产力水平低下，社会财富十分有限，在进行必要的生活资料的分配之后，没有多余的剩余财富。这时虽然存在未被满足的需要，但由于没有剩余财富，自然也没有对剩余财富的争夺，因而原始社会不存在阶级斗争。在未来的共产主义社会，社会财富极大丰富，生活资料按需分配，人人都可以获得生活所需的一切生活资料而不必为此去发生争夺。此时虽然存在剩余财富，但由于人们的需要可以得到极大满足，因而也不需要靠斗争去获得。当存在大量社会需求，但社会剩余财富却又无法满足这些社会需求的时候，就会爆发对社会财富的争夺，这时，阶级斗争就产生了。因此，阶级斗争是为了获取更多的资源。恩格斯指出："社会分裂为剥削阶级和被剥削阶级、统治阶级和被统治阶级，是以前生产力不大发展的必然结果。当社会总劳动所提供的产品除了满足社会全体成员最起码的生活需要以外只有少量剩余，因而劳动还占去社会大多数成员的全部或几乎全部时间的时候，这个社会就必然划分为阶级。在这被迫专门从事劳动的大多数人之旁，形成了一个脱离直接生产劳动的阶级。"②

在阶级社会中，对是否占有生产资料进行划分，我们可以划

---

① 中共中央编译局.马克思恩格斯选集（第2卷）[M].北京：人民出版社，2009：31.
② 中共中央编译局.马克思恩格斯选集（第3卷）[M].北京：人民出版社，2009：562.

分出剥削阶级和被剥削阶级，被剥削阶级不占有或占有极少生产资料，剥削阶级占有全部或绝大部分生产资料，并脱离具体的生产劳动。在剥削阶级内部，存在一个特殊的群体，他们不直接占有生产资料，从事着意识形态内容的编织，被马克思称之为"意识形态家"。他们虽然不直接掌握生产资料，不对被剥削者进行直接的剥削活动，但由于他们维护的对象是统治阶级的利益，他们的生活来源也来自于统治阶级，因而也属于统治阶级成员。在《德意志意识形态》中，马克思曾指出："在这个阶级内部，一部分人是作为该阶级的思想家出现的，他们是这一阶级的积极的、有概括能力的意识形态家，他们把编造这一阶级关于自身的幻想当作主要的谋生之道。"①这样，阶级社会就诞生了，人类社会实现了由原始社会向阶级社会的过渡。在阶级社会中，随着生产力的发展，社会形态还会继续更替。此时，阶级斗争就是推动社会形态更替的直接原因。因为社会形态的依此更替虽然是客观规律，但它不会自发地起作用。统治阶级不会自动放弃统治地位，将国家政权交给革命阶级。必须通过革命阶级的革命运动才能实现。因而，拉萨尔那种依靠"国家贷款"建设新社会的做法是完全不切实际的，是行不通的。

三、阶级运动的立场退到宗派运动的立场

【原文】

在这里深入批评毕舍在路易-菲力浦时代为了对付法国社会

---

① 中共中央编译局.马克思恩格斯选集（第1卷）[M].北京：人民出版社，2009：551.

第四章 社会主义只能来自社会革命

主义者而开列的、被《工场》派的反动工人所采用的药方,那是多余的。主要的过失不在于把这个特殊的万灵药方写入了纲领,而在于从阶级运动的立场完全退到宗派运动的立场。

马克思在这里进一步批判《哥达纲领》草案,指出拉萨尔派、起草德国社会主义工人党党纲的领袖们的主要过失不在于把依靠普鲁士"国家帮助"建立社会主义生产合作社这个特殊的万灵药方写入了纲领,而更要害的是,这证明他们实质上已经由"阶级运动的立场完全退到宗派运动的立场"。他们这样做表明他们已经不代表工人阶级了。无产阶级阶级运动的立场是消灭封建地主阶级和资产阶级,消灭私有制,摆脱被剥削、被压迫、被奴役的地位,建立无产阶级专政的社会主义国家政权。而拉萨尔派、德国社会主义工人党的领袖们却不准备消灭封建地主阶级和资产阶级,不准备推翻现政权,主张合法手段的斗争,争取普选权,作为一个宗派、派别参与议政。这样的宗派与现政权的关系不是对立关系,而是共存、依靠、互相帮助的关系。如果这样,拉萨尔派、德国社会主义工人党的领袖们实质上已背叛工人运动、背叛工人阶级利益,成为与封建地主阶级和资产阶级同流合污的工人贵族。把抽象的民主、现存国家的帮助等当作万应灵药,就是脱离了无产阶级阶级运动立场,而离开无产阶级阶级运动的立场,就必然退到一个宗派、宗派运动的立场,变成一个资产阶级民主宗派与当权者争权夺利的立场。

第二节　只有无产阶级的阶级斗争才能建立新社会

一、所谓的德国"劳动人民"的民主监督

【原文】

由于还知道一点羞耻，于是就把"国家帮助"置于——"劳动人民的民主监督下"。

第一，德国的"劳动人民"大多数是农民而不是无产者。

第二，"民主的"这个词在德语里意思是"人民当权的"。什么是"劳动人民的人民当权的监督"呢？何况所说的是这样的劳动人民，他们通过向国家提出的这些要求表明，他们充分意识到自己既没有当权，也没有成熟到当权的程度！

依靠普鲁士"国家帮助"建立社会主义生产合作社，无产阶级势必还是处于普鲁士专制政府的统治之下，无产阶级还是没有摆脱被剥削、被压迫、被奴役的地位，这是代表无产阶级利益吗？为了掩盖拉萨尔派、起草德国社会主义工人党党纲的领袖们不准备推翻现政权，而争取参与议政、背叛工人运动、背叛工人阶级利益，与封建主阶级和资产阶级同流合污的面目，《哥达纲领》草案用了一块遮羞布——把"国家帮助"置于"劳动人民"的民主监督之下。可是，马克思犀利地指出，即使是"劳动人民"的民主监督之下的普鲁士国家，仍然不是无产阶级自己的国家，无产阶级还是没有摆脱被剥削、被压迫的地位，原因有二：

第一,德国的"劳动人民"大多数是农民而不是无产者,这样,若把"国家帮助"置于"劳动人民"的民主监督之下,则主要是置于农民的民主监督之下,弱小的无产阶级仍然不会处于主导地位。第二,"民主的"这个词意思是"人民当权的"。现实情况是劳动人民没有当权,他们同资产阶级、普鲁士专制国家进行斗争,反抗普鲁士专制统治。拉萨尔派通过向现存国家提出要求、合法斗争、争取普选权来提高自己的地位,这表明拉萨尔派充分意识到自己没有权利,也没有成熟到当权的地步!"劳动人民"(大多数是农民)的"人民当权的"监督之下的普鲁士国家一不是无产阶级的国家,二也做不到"人民当权"!

二、革命和改良毫无共同之处

【原文】

如果说工人们想要在社会的范围内,首先是在本国的范围内创造合作生产的条件,这只是表明,他们力争变革现存的生产条件,而这同靠国家帮助建立合作社毫无共同之处!至于现有的合作社,它们只是在工人自己独立创办,既不受政府保护,也不受资产者保护的情况下,才有价值。

马克思、恩格斯当年设想社会主义在发达的资本主义国家同时取得胜利,而各国的工人运动都是工人阶级首先在本民族、自己国家的范围内进行斗争,反对本国政府、资产阶级的统治。在此情况下,马克思假设:"如果工人们力求在社会的范围内,首先是在本民族的范围内建立集体生产的条件,这只是表明,他们在争取变革现在的生产条件","在社会的范围内""在本民族的范围内"就是在自己的国家,"建立集体生产的条件",就是建立社会主义生产关系,而不是工人出卖劳动力为资本家私人生产。工人要求在自己国家建立社会主义生产关系,就是"他们在争取变革现在的生产条件",即推翻现政权,实现社会革命,变现存资本主义私有制生产关系为社会主义公有制生产关系。工人阶级的这种"力求"是自下而上的变更所有制生产关系的社会革命。而拉萨尔派主张的合法斗争、争取普选权、依靠普鲁士"国家帮助"建立社会主义生产合作社的幻想是自上而下的社会改良,社会革命和社会改良"毫无共同之处",根本就是两回事。

无产阶级进行的阶级斗争,"争取变革现在的生产条件"的努力,是顺应历史发展潮流,符合历史发展规律的历史性活动,可以用马克思在1859年《政治经济学批判》"序言"中关于历史唯物主义的经典表述来回应:"人们在自己生活的社会生产中发生一定的、必然的、不以他们的意志为转移的关系,即同他们的物质生产力的一定发展阶段相适合的生产关系。这些生产关系的总和构成社会的经济结构,即有法律的和政治的上层建筑竖立其上并有一定的社会意识形态与之相适应的现实基础。物质生活的生产方式制约着整个社会生活、政治生活和精神生活的过程。不是人们的意识决定人们的存在,相反,是人们的社会存在决定人们的意识。"[①]因而,工人阶级力求"建立集体生产"的愿望,

---

① 中共中央编译局.马克思恩格斯选集(第2卷)[M].北京:人民出版社,2012:2.

第四章 社会主义只能来自社会革命

实际上是由"现实基础"决定的,并不是某个天才的无产阶级革命家的灵感创作,而是不以人的意志为转移的历史运动。"社会的物质生产力发展到一定阶段,便同它们一直在其中活动的现存生产关系或财产关系(这只是生产关系的法律用语)发生矛盾。于是这些关系便由生产力的发展形式变成生产力的桎梏。那时社会革命的时代就到来了。随着经济基础的变更,全部庞大的上层建筑也将或慢或快地发生变革。"①只有通过无产阶级用革命手段才能把阻碍生产力发展的桎梏打破,建立"集体生产的条件",实现生产关系的变革,推动生产力的发展。不是工人阶级自己建立,而是在普鲁士国家帮助下建立起来的受政府和资产者保护的生产合作社作为一种社会改良的手段,是在保存落后生产关系基础上的自我调整,是以维护落后生产关系为目的的垂死挣扎,与通过革命手段建立起来的生产关系毫无相同之处。

生产合作社,只有是工人自己独立创设的,既不受普鲁士政府的保护,也不受资产阶级的保护,才是真正代表工人阶级利益的,才是可贵的。否则,如果这种合作社不是工人自己独立创设的,它既受到普鲁士政府的帮助、保护,也得到资产阶级的支持,那么,这种合作社显然不是真正代表工人阶级利益的工人阶级自己的合作社,而变相地、实质却依然是普鲁士政府、资产阶级统治、剥削工人的工具。

---

① 中共中央编译局. 马克思恩格斯选集(第2卷)[M]. 北京: 人民出版社,2012: 3.

第五章　无产阶级专政一定能赢！

第一节　马克思眼中的"自由国家"

一、不把现存社会当作现存国家的基础

【原文】

现在我来谈民主的一节。

A．"国家的自由的基础。"

首先，照第二节的说法，德国工人党争取建立"自由国家"。

自由国家，这是什么东西？

使国家变成"自由的"，这决不是已经摆脱了狭隘的臣民见识的工人的目的。在德意志帝国，"国家"几乎同在俄国一样地"自由"。自由就在于把国家由一个高踞社会之上的机关变成完全服从这个社会的机关；而且就在今天，各种国家形式比较自由或比较不自由，也取决于这些国家形式把"国家的自由"限制到什么程度。

德国工人党——至少是当它接受了这个纲领的时候——表

第五章 无产阶级专政一定能赢!

明:它对社会主义思想领会得多么肤浅,它不把现存社会(对任何未来社会也是一样)当做现存国家的(对未来社会来说是未来国家的)基础,反而把国家当做一种具有自己的"精神的、道德的、自由的基础"的独立存在物。

而且纲领还荒谬地滥用了"现代国家""现代社会"等字眼,甚至更荒谬地误解了向之提出自己要求的那个国家!

"现代社会"就是存在于一切文明国度中的资本主义社会,它或多或少地摆脱了中世纪的杂质,或多或少地由于每个国度的特殊的历史发展而改变了形态,或多或少地有了发展。"现代国家"却随国境而异。它在普鲁士德意志帝国同在瑞士不一样,在英国同在美国不一样。所以,"现代国家"是一种虚构。

但是,不同的文明国度中的不同的国家,不管它们的形式如何纷繁,却有一个共同点:它们都建立在现代资产阶级社会的基础上,只是这种社会的资本主义发展程度不同罢了。所以,它们具有某些根本的共同特征。在这个意义上可以谈"现代国家制度",而未来就不同了,到那时,"现代国家制度"现在的根基即资产阶级社会已经消亡了。

按照《哥达纲领》草案第二节的说法,德国社会主义工人党要力求争取"自由国家"。拉萨尔宣扬,国家是"全体人民的共同体",是统一道德整体中个性的结合体,国家的使命就在于发展自由,使人类朝着自由的方向发展。《哥达纲领》草案渗透着拉萨尔的观点,把争取"自由国家"作为德国社会主义工人党的奋斗目标。马克思痛斥了"自由国家"的谬论,他指出,所谓自由的人民国家纯粹是无稽之谈，"当无产阶级还需要国家的时候，它之所以需要国家，并不是为了自由，而是为了镇压自己的敌人，一到有可能谈自由的时候，国家本身就不再存在了"。这就是说，国家和自由是有阶级性的。任何国家都是阶级压迫和阶级统治的工具，绝没有什么超阶级的国家，国家的职能是阶级统治。自由也是这样，在阶级社会里，根本没有普遍的、超阶级的自由。有剥削阶级的自由，就没有被剥削阶级的自由，反过来也是这样。无产阶级理解的自由，是彻底消灭剥削、消灭阶级，成为自己国家的主人、成为社会的主人。使现存普鲁士国家变成自由的国家，这绝不是已经摆脱了狭隘的奴才思想的工人阶级的目的。德国社会主义工人党领袖们提出的"自由国家"的奋斗目标不是德国工人阶级的目的。

马克思说："自由就在于把国家由一个站在社会之上的机关变成完全服从于这个社会的机关。"这里所谓"站在社会之上的机关"就是指国家。按照表面、按照理想，国家是"站在社会之上"，对全体社会成员平等的国家，而实质上，国家却是"完全服从于这个社会"的国家，国家是为这个社会占统治地位的阶级服务的国家，国家是阶级统治的暴力工具，而完全不是站在这个社会之上、之外的对全体社会成员平等的国家。国家统治下的自由是统治阶级阶级统治的自由，是被统治阶级服从统治的自由。"在今天，各种国家形式比较自由或比较不自由，也取决于这些国家形式把'国家的自由'限制到什么程度。"没有超阶级、超社会的绝对的自由。

德国社会主义工人党不把现存的社会、现存社会的生产方式、现实德国的统治阶级容克地主、资产阶级当作现存国家的基础，反而把国家当作一种具有自己的"精神的，道德的，自由的基础"的独立本质，完全没有认识到国家的阶级实质，是极其幼稚的！现存社会——资本主义社会是现存普鲁士国家的基础。

《哥达纲领》草案使用"现代社会""现代国家"这样的概念，"滥用了'现代国家''现代社会'等字眼"，模糊、淡化国家的阶级实质。马克思明确地指出："'现代社会'就是存在于一切文明国度中的资本主义社会，它或多或少地摆脱了中世纪的杂质，或多或少地由于每个国度的特殊的历史发展而改变了形态，或多或少地发展了。""现代社会"就是资本主义社会。

"现代国家"虽各不相同，普鲁士德意志帝国同瑞士不一样，英国同美国不一样，但是，不同文明程度的不同国家，不管它们的形式如何纷繁复杂，却有一个共同特点，即它们都是建筑在资本主义或多或少已经发展了的现代资产阶级社会的基础上。所以，它们具有某些极重要的共同特征。"现代国家制度"也就是资本主义国家。

"而未来就不同了，到那时'现代国家制度'现在的根基即资产阶级社会已经消亡了。"随着阶级的消灭，国家作为阶级统治的工具便自行消亡，那时才有真正的自由。

二、把精神、道德、自由当作国家的基础

【原文】

德国工人党——至少是当它接受了这个纲领的时候——表明：它对社会主义思想领会得多么肤浅，它不把现存社会（对任何未来社会也是一样）当做现存国家的（对未来社会来说是未来

国家的）基础，反而把国家当做一种具有自己的"精神的、道德的、自由的基础"的独立存在物。

　　《哥达纲领》草案"把国家当作一种具有自己的'精神的、道德的、自由的基础'的独立存在物"。精神、道德、自由等都属于思想的上层建筑范畴，而国家是政治的上层建筑。作为政治上层建筑的国家与作为思想上层建筑的精神、道德、自由等具有一致性，政治上层建筑的国家是精神、道德、自由等思想上层建筑的制度化、物质化。既然精神、道德、自由与国家同属上层建筑，那么，精神、道德、自由就不是国家的基础，即上层建筑不能作为上层建筑本身的基础。精神、道德、自由、国家作为上层建筑，它们是由经济基础决定的。资产阶级国家的基础是资本主义私有制的生产方式，是资本主义私有制的生产方式，即资本主义的经济基础决定了资本主义的精神、道德、自由等思想和资本主义国家制度。《哥达纲领》草案把精神、道德、自由当作国家的基础，便否定了社会的生产方式、经济关系对国家的决定作用，从而造成国家是超阶级的、永恒的实体的假象，掩盖了国家的阶级本质。

三、向现存国家提出自己要求的幻想

【原文】
　　而且纲领还荒谬地滥用了"现代国家""现代社会"等字眼，甚至更荒谬地误解了向之提出自己要求的那个国家！
　　……

第五章　无产阶级专政一定能赢！

既然他们没有勇气像法国工人纲领在路易-菲力浦和路易-拿破仑时代那样要求民主共和国——而这是明智的，因为形势要求小心谨慎——，那就不应当采取这个既不"诚实"也不体面的手法：居然向一个以议会形式粉饰门面、混杂着封建残余、同时已经受到资产阶级影响、按官僚制度组成、以警察来保护的军事专制国家，要求只有在民主共和国里才有意义的东西，并且还向这个国家庄严地保证，他们认为能够"用合法手段"从它那里争得这类东西！

在这里，马克思批评、嘲讽拉萨尔派、德国社会主义工人党的领袖们"误解了向之提出自己要求的那个国家"，即他们不能清醒地认识当时德国普鲁士专制国家的实质。马克思指出，现存的德国是"一个以议会形式粉饰门面，混杂着封建残余，已经受到资产阶级影响，按官僚制度组织起来，并以警察来保卫的，军事专制制度的国家"。向"军事专制制度的国家"提出"只有在民主共和国里才有意义的东西"，是根本无法实现的。在这里马克思所说的"民主共和国"是指资产阶级民主共和国，"只有在民主共和国里才有意义的东西"是指拉萨尔提出的争取普选权等要求。资产阶级民主共和国有个普选权问题，还可以向它提出普选权要求，而以议会形式粉饰门面的军事专制制度国家，向它争取普选权只能是不切实际的幻想。事实上，1878年，也就是德国社会主义工人党成立的第三年，德国议会就通过了《镇压社会民主党企图危害治安的法令》，禁止德国社会主义工人党的活动，使德国社会主义工人党处于非法地位。党自身的存在都不被容许、都非法，还谈什么普选权！

当然，即使不是德国普鲁士军事专制制度国家，而是资产阶级民主共和国，作为领导德国工人运动的德国社会主义工人党也不应该向之提出争取普选权、依靠普鲁士"国家帮助"建立社会主义生产合作社的资产阶级性质的民主要求，而应该领导无产阶级反对资产阶级的阶级斗争，推翻现政权，实现社会革命，变现存资本主义私有制生产关系为社会主义公有制生产关系，求得无产阶级的彻底翻身解放。马克思批评、嘲讽拉萨尔派、德国社会主义工人党的领袖们"没有勇气""小心谨慎""不'诚实'也不体面"，是跪着造反，完全没有工人阶级、无产阶级革命的光明磊落、大无畏英雄气概！甚至对于自己的敌人，对于自己必须消灭的普鲁士专制国家，德国社会主义工人党还庄严地向它保证、承诺：我们会用"合法手段"和你争取！这是多么滑稽的事情！那么，既不"诚实"也不体面的手法是什么手法呢？就是欺骗的手法，就是向资产阶级乞求的手法，就是向要不出什么东西的地方做个能要出什么东西的样子，并且认认真真地走过场，庄严地做保证：用"合法手段"实现我们无产阶级的目的！

《哥达纲领》草案后面还向普鲁士国家提出"平等的国民教育""免费诉讼""科学自由""信仰自由"等几点含糊、空洞、虔诚的资产阶级民主要求，充分体现了拉萨尔派对普鲁士国家的忠顺，和并不比对普鲁士国家的忠顺好多少的对资产阶级民主奇迹的信仰，完全背离了社会主义，背离了工人阶级的立场。

第二节 只有无产阶级才能战胜一切

一、资本主义和共产主义之间的革命转变时期

【原文】

于是就产生了一个问题：在共产主义社会里国家制度会发生怎样的变化呢？换句话说，那时有哪些同现在的国家职能相类似的社会职能保留下来呢？这个问题只能科学地回答；否则，即使你把"人民"和"国家"这两个名词联结一千次，也丝毫不会对这个问题的解决有所帮助。

在资本主义社会和共产主义社会之间，有一个从前者变为后者的革命转变时期。同这个时期相适应的也有一个政治上的过渡时期……

国家是经济上占统治地位的阶级进行阶级统治的工具，国家建立在一定的生产关系这一经济基础之上，是为巩固和发展其占统治地位的生产关系——经济基础服务的，阶级性是国家的本质属性，国家体现统治阶级的利益、意志和要求。国家的职能是国家实质的体现，国家的职能分为对内职能和对外职能，以对内职能为主。国家的对内职能：一是政治统治职能，二是社会管理职能。国家的对外职能：一是防御外部敌人的侵犯和颠覆，捍卫国家的主权和领土完整；二是发展国际交流与合作。不同阶级的国家，性质不同，其职能也不尽相同。

在推翻资本主义制度后，"在共产主义社会里国家制度会发

生怎样的变化呢？换句话说，那时有哪些同现代国家职能相类似的社会职能保留下来呢？"。马克思根据他对无产阶级在现代资本主义社会中作用的分析，根据当时社会发展状况，根据无产阶级与资产阶级阶级利益根本对立、不可调和的实际材料，对这一问题作了科学的回答："在资本主义社会和共产主义社会之间，有一个从前者变为后者的革命转变时期。同这个时期相适应的也有一个政治上的过渡时期，这个时期的国家只能是无产阶级的革命专政。"马克思的这一回答，明确地提出了"过渡时期"的概念，并且认为这个时期的国家是无产阶级专政国家。

既然是"过渡时期"——资本主义社会和共产主义社会之间的革命转变时期，那么，它必然与它之前的资本主义社会、它之后的共产主义社会既存在一定的联系又存在一定的差别。一方面，它不同于资本主义社会，"过渡时期"是无产阶级推翻了资产阶级的统治，成为国家的主人；另一方面，它又不同于共产主义社会，共产主义社会无阶级、无国家，实现的是自由人的联合体。而作为革命转变时期的"过渡时期"，作为统治阶级的资产阶级和占主导地位的资本主义私有制生产方式已经不存在了，但是剥削阶级的人还在，剥削阶级思想的残余还存在，私有制生产方式还没有完全消灭，阶级差别、城乡差别、脑力劳动和体力劳动的差别还存在，阶级斗争还存在，所以，"过渡时期"国家的对内职能主要是阶级政治统治的职能必须保留下来，"这个时期的国家只能是无产阶级的革命专政"。否则，新生的政权可能得而复失。"过渡时期"国家的性质是无产阶级专政的新型国家。

二、无产阶级的革命专政

【原文】

……这个时期的国家只能是无产阶级的革命专政。

但是，这个纲领既不谈无产阶级的革命专政，也不谈未来共产主义社会的国家制度。

无产阶级专政国家是人类社会国家发展史上的一次伟大飞跃，它是人类社会最后、也是最进步的新型国家政权。与以往剥削阶级专政国家的性质根本不同，无产阶级专政是新型民主与新型专政相结合的国家。在阶级本质上，无产阶级专政国家是对少数剥削者和反人民的敌对势力实行专政，对无产阶级和广大劳动人民实行广泛的民主，劳动人民破天荒地第一次成为国家的主人。无产阶级专政就是工人阶级带领全体劳动者，团结一切可以团结的力量，在人民内部实行最广泛的民主和对阶级敌人实行专政，以最终消灭剥削、消灭阶级为使命的新型国家政权。无产阶级专政是工人阶级通过共产党领导的国家政权，国家和社会必须按照工人阶级和劳动人民的意志进行改造和建设。由哪个阶级领导政权是决定国家政权性质的首要标志，由工人阶级领导的政权一般属于无产阶级专政，也有属于工农民主专政或各革命阶级联合专政的国家。工人阶级对无产阶级专政的领导作用是通过共产党的领导实现的，共产党是无产阶级专政国家的领导核心。历史经验表明，只有在共产党的坚强领导之下，无产阶级专政才能巩固。无产阶级专政是以工农联盟为阶级基础的国家政权，建立工农联盟，对于无产阶级夺取和巩固政权具有至关重要的意义。

在资本主义制度下，农民也是受剥削的劳动者，他们是工人阶级天然的同盟军。工人阶级只有把农民团结联合起来，才能形成足以战胜剥削阶级反动统治的强大革命力量，从而摧毁资产阶级的国家机器，建立无产阶级专政的国家政权。否则，无产阶级革命就"不免要变成孤鸿哀鸣"式的"独唱"，是很难取得成功的。无产阶级取得革命的胜利，建立无产阶级专政国家后，同样也离不开农民的支持，只有把无产阶级专政建立在稳固的工农联盟基础上，无产阶级政权才有牢固的群众根基，才有战胜一切敌对势力、克服一切困难的力量。

无产阶级专政的最终目标是消灭剥削、消灭阶级，进入到无阶级社会。为了实现这一伟大目标，无产阶级专政担负着极其繁重的历史任务，这些任务是：镇压国内阶级敌人的反抗和破坏活动，保护人民群众的合法权益；变革生产资料私有制，建立和发展社会主义公有制；领导和组织经济建设；防止国外敌对势力的侵略和颠覆，支援世界人民的革命斗争等。

无产阶级专政的国家形式具有多样性。由于各个国家的历史条件、阶级力量对比、民族文化传统习惯不同，社会主义各国采取的国家形式也不尽相同，从而使得无产阶级专政的国家形式呈现出多样性。各个社会主义国家采取什么政权组织形式，需要根据自己的国情，在斗争实践中摸索。无产阶级专政的国家政权不仅在阶级本质上，而且在政权组织形式上，与一切剥削阶级专政的国家有着本质的区别。在无产阶级专政国家发展的历史过程中，产生过巴黎公社制、苏维埃制、人民代表大会制等无产阶级专政的国家政权组织形式。

第五章 无产阶级专政一定能赢！

在《哥达纲领批判》中，马克思从资本主义国家无产阶级革命斗争的实际出发，科学地预见了从私有制、充满剥削压迫的资本主义社会到公有制、无阶级无国家的共产主义社会必须有一个过渡时期，在这个过渡时期必须坚持无产阶级的革命专政。马克思之后社会主义国家的实践充分证明了马克思当年预见的科学。在社会主义制度建立之后必须坚持无产阶级专政，这是因为：第一，社会主义时期还存在着一定范围的阶级斗争。在剥削阶级作为完整意义的阶级不复存在以后，对少数危害社会的坏分子也仍然需要保留无产阶级专政的国家职能予以打击，以维护国家的稳定、社会的安宁，保护人民群众的生命财产安全和建设社会主义。由于社会主义国家新生政权长期处于资本主义的包围之中，因而无产阶级专政还肩负着在世界范围内保卫社会主义制度的职责。依靠无产阶级专政保卫新生的还比较弱小的社会主义制度，这是马克思主义的一个基本观点。第二，无产阶级专政的根本任务是不断巩固、发展无产阶级政治统治和社会主义制度，全面改造旧社会，发展社会生产力，增强社会主义的物质基础，建设社会主义物质文明和精神文明，实现向人类的理想社会——共产主义过渡。第三，无产阶级专政也是建设社会主义民主的需要。随着专政职能的逐渐缩小，民主职能逐步扩大，社会主义民主政治得到充分发展，最后作为国家制度的民主也将归于消亡。

作为指导工人运动的党的纲领——《哥达纲领》草案没有无产阶级革命的奋斗目标，没有远大的革命理想，"既没谈到无产阶级的革命专政，也没谈到未来共产主义社会的国家制度"，这是不能原谅的重大失误！

第三节　最后的国家形式里阶级斗争最后的决战

一、合法手段、民主主义的废话

【原文】

纲领的政治要求除了人所共知的民主主义的陈词滥调，如普选权、直接立法、人民权利、国民军等等，没有任何其他内容。这纯粹是资产阶级的人民党、和平和自由同盟的回声。所有这些要求，只要不是靠幻想夸大了的，都已经实现了。不过实现了这些要求的国家不是在德意志帝国境内，而是在瑞士、美国等等。这类"未来国家"就是现代国家，虽然它是存在于德意志帝国的"范围"以外。

但是他们忘记了一点。既然德国工人党明确地声明，它是在"现代民族国家"内，就是说，是在自己的国家即普鲁士德意志帝国内进行活动——否则，它的大部分要求就没有意义了，因为人们只要求他们还没有的东西——，那么，它就不应当忘记主要的一点，就是说，这一切美妙的玩意儿都建立在承认所谓人民主权的基础上，所以它们只有在民主共和国内才是适宜的。

《哥达纲领》草案的政治要求是陈旧的资产阶级"民主主义的废话"，因为如普选权、直接立法权、人民权力、人民军队等，纯粹是资产阶级人民党、和平和自由同盟的回声，是资产阶级民主主义的陈年要求和主张，这些陈年要求和主张，在除了德意志专制帝国外的瑞士、美国等一些资产阶级民主国家都已经实现了。

但是，德国社会主义工人党明确声明，它只是在自己的国家即普鲁士专制德国国内进行活动，所以，它的大部分要求——普选权、直接立法权、人民权力等都没有意义，这些既是资产阶级早已经提过的、陈旧的"民主主义的陈词滥调"，又是只有在资产阶级民主共和国才适宜、才能实现，在普鲁士专制德国不适宜、根本不能实现的虚无缥缈的幻象。

用"人所共知的民主主义的陈词滥调"取代马克思主义科学社会主义理论，是从无产阶级的政党倒退到资产阶级的人民党！

二、资本主义国家不是千年王国

【原文】

庸俗民主派把民主共和国看作千年王国。

欧洲文艺复兴开始的整个资产阶级革命，在反对封建主义的斗争中打起"自由、平等、博爱"的资产阶级大旗，新兴资产阶级反对宗教神性至上，主张人性至上；反对封建等级制，主张平等自由；反封建蒙昧，主张理性、科学，从而促进生产力、科学技术的迅猛发展，社会物质文明的高度发达。资本主义的核心思想价值观是人道主义、主体主义、个体主义、理性主义，这些思想价值观在反对封建主义的斗争中发挥了巨大的作用，有着巨大的历史进步意义。然而，随着资产阶级统治的建立，所谓"自由、平等、博爱"变得越来越虚伪：无休止的战争和掠夺，对落后民族的惨无人道的屠杀，劳动阶级的极端贫困，统治阶级的腐败与堕落，这一切资本主义时代的现实使人道主义蜕变成意识形态的说教、虚伪的招牌；主体主义使人成为疯狂主体、绝对主体，主体人与客体自然界二元对立，造成自然之死，导致人类生存困境；个体主义导致人与他人、与社会不合作的无政府主义；理性主义导致理性专制，导致社会的全面理性化，现代社会变成理性"新牢笼"，严重压抑了人的情感、意志等非理性因素。资本主义社会绝不是人类最美好、最理想的社会，把资本主义看作永恒的、唯一美好的"千年王国"，是违背历史发展辩证法的。

三、阶级斗争要进行最后的决战

【原文】

  他们完全没有想到，正是在资产阶级社会的这个最后的国家形式里阶级斗争要进行最后的决战，——就连这样的庸俗民主派也比这种局限于为警察所容许而为逻辑所不容许的范围内的民主主义高明得多。

  拉萨尔派、德国工人运动的领袖们根本没有想到，资本主义社会就是阶级斗争的决战阶段。资产阶级国家是人类历史上最后一个国家形式，共产主义社会消灭了阶级，国家也自行消亡了。在资产阶级社会这个最后的国家形式里，阶级斗争必将进行最后的决战，必将爆发无产阶级反对资产阶级的阶级斗争，必将发生无产阶级的暴力革命，通过流血的斗争推翻反动的资产阶级国家政权。局限于为警察所容许的范围内的"合法手段"的斗争是极其低级的。马克思说，就连庸俗的资产阶级民主派都比《哥达纲领》草案的炮制者高明得多。

第四节　不越过资产阶级水平的民主喧嚣

一、国家的经济基础

【原文】

事实上,他们是把"国家"理解为政府机器,或者理解为构成一个由于分工而同社会分离的独特机体的国家,这可以从下面的话得到证明:"德国工人党提出下列要求作为国家的经济的基础:……交纳单一的累进所得税……"赋税是政府机器的经济的基础,而不是其他任何东西的经济的基础。在存在于瑞士的"未来国家"里,这种要求差不多已经实现了。所得税是以不同社会阶级的不同收入来源为前提,因而是以资本主义社会为前提。所以,利物浦的财政改革派——以格莱斯顿的弟弟为首的资产者——提出和这个纲领相同的要求,这是不足为奇的。

德国社会主义工人党把"国家"单纯、抽象地理解为政府管理机构,或者理解为和现存社会分离的独特机构。这一点,从德国社会主义工人党提出的以实行统一的累进所得税作为国家的经济基础,就可以得到证明。

德国社会主义工人党提出,实行统一的累进所得税作为国家的经济基础,这与利物浦的财政改革派——以格莱斯顿的弟弟为首的资产阶级提出的要求是相同的。并且,这种要求在如瑞士这样先进的资产阶级国家差不多已经实现了。由于累进所得税是以不同阶级的不同收入为前提,即以资本主义社会为前提,所以,德国社会主义工人党提出，把统一的累进所得税作为国家的经济基础，说明他们并没打算消灭资本主义制度，而只是在资本主义制度内、框架下实行资产阶级的社会改良。

二、国家的精神道德基础

【原文】

B. "德国工人党提出下列要求作为国家的精神的和道德的基础：

1. 由国家实行普遍的和平等的国民教育。实行普遍的义务教育。实行免费教育。"

平等的国民教育？他们怎样理解这句话呢？是不是以为在现代社会中（而所谈到的只能是现代社会）教育对一切阶级都可以是平等的呢？或者是要求用强制的方式使上层阶级也降到国民学校这种很低的教育水平，即降到仅仅适合于雇佣工人甚至农民的经济状况的教育水平呢？

"实行普遍的义务教育。实行免费教育。"前者甚至存在于德国，后者就国民学校来说存在于瑞士和美国。如果说，在美国的几个州里，"高一级的"学校也是"免费的"，那么事实上这不过是从总税收中替上层阶级支付了教育费用而已。顺便指出，A项第5条所要求的"实行免费诉讼"也是如此。刑事诉讼到处都是免费的；而民事诉讼几乎只涉及财产纠纷，因而几乎只同有产阶级有关。难道他们应当用人民的金钱来打官司吗？

在关于学校的一段中，至少应当把技术学校（理论的和实践的）同国民学校联系起来提出。

第五章 无产阶级专政一定能赢！

"由国家实行国民教育"是完全要不得的。用一般的法律来确定国民学校的经费、教员资格、教学科目等等，并且像美国那样由国家视察员监督这些法律规定的实施，这同指定国家为人民的教育者完全是两回事！相反，应当把政府和教会对学校的任何影响都同样排除掉。在普鲁士德意志帝国（他们会说，他们谈的是"未来国家"，但是这种空洞的遁词也无济于事；我们已经看到，这是怎样一回事了），倒是需要由人民对国家进行极严厉的教育。

但是整个纲领，尽管满是民主的喧嚣，却彻头彻尾地感染了拉萨尔宗派对国家的忠顺信仰，或者说感染了并不比前者好一些的对民主奇迹的信仰，或者说得更确切些，整个纲领是这两种对奇迹的信仰的妥协，这两种信仰都同样远离社会主义。

"科学自由"——普鲁士宪法中有一条就是这样写的。为什么把它写在这里呢？

"信仰自由"！如果现在，在进行"文化斗争"的时候，要想提醒自由主义者记住他们的旧口号，那么只有采用下面这样的形式才行：每一个人都应当有可能实现自己的宗教需要，就像满族自己的肉体需要一样，不受警察干涉。但是，工人党本来应当乘此机会说出自己的看法：资产阶级的"信仰自由"不过是容忍各种各样的宗教信仰自由而已，工人党则力求把信仰从宗教的妖术中解放出来。但是他们不愿越过"资产阶级的"水平。

德国社会主义工人党的《哥达纲领》草案提出平等的国民教育，对此马克思指出，教育不可能对一切阶级平等，上层统治阶级、资本家不可能降到很低的教育水平——国民小学，即降到唯一适合于雇佣工人的经济状况,而且唯一适合于农民的经济状况的教育水平。经济条件决定受教育水平,经济上占统治地位的容克地主、资产阶级的子女在文化、受教育方面也一定占优势地位,而不可能与雇佣工人、农民的子女享有同等教育水平。

关于《哥达纲领》草案提出实施免费义务教育的问题。马克思指出,实施免费义务教育已经存在于瑞士和美国的国民小学。在美国的几个州里,高等学校也是"免费"的,这不过是从国家总税收中替上层阶级支付了教育费用而已。免费义务教育是在一些资产阶级国家已经实现了的事情,所以,它也不应该成为工人运动、无产阶级革命所提出的要求、追求的目标。

关于《哥达纲领》草案A项第五条所要求的"免费诉讼"问题,也是如此。刑事诉讼到处都是免费的,而民事诉讼几乎只涉及财产纠纷,因而几乎只和有产阶级、有钱人有关,和无产者无关。难道有产阶级、有钱人应当用人民的钱来打官司吗?工人运动、无产阶级革命提出"免费诉讼"的要求毫无意义。

"通过国家来实施国民教育"完全要不得,相反,应该使政府和教会一样对学校不起任何影响。在普鲁士德国,倒是国家需要从人民方面受到严格的教育。资产阶级国家的意识形态对无产阶级和广大人民群众起到的是压迫、束缚、欺骗和愚弄,无产阶级和广大人民群众应该用无产阶级的思想、用马克思主义理论同资产阶级国家的意识形态、思想进行针锋相对的斗争,资产阶级国家需要人民——无产阶级和广大劳动人民的教育。

《哥达纲领》草案满是资产阶级民主要求的喧嚣,民主的喧嚣背后,是拉萨尔派对普鲁士专制国家彻头彻尾的忠顺!是对资产阶级民主奇迹的信仰!而对普鲁士国家政府的忠顺和对资产阶级民主奇迹的信仰，马克思说，谁也不比谁"好一些"，二者都是背离社会主义，背离无产阶级和工人运动利益的。

至于德国社会主义工人党《哥达纲领》草案中的"科学自由"要求，普鲁士现行宪法中有一条就是这样写的！这样的要求有何意义！

对于"信仰自由"，资产阶级的"信仰自由"不过是容忍宗教信仰自由，德国社会主义工人党若谈"信仰自由"，本来应当乘此机会说出无产阶级政党自己对于自由的要求和主张，即把工人从阶级统治、社会压迫的束缚中解放出来。但是没有，德国社会主义工人党与资产阶级一样，只是力求把工人的"信仰从宗教妖术中解放出来"。德国社会主义工人党的《哥达纲领》草案不愿越过、没有超出"资产阶级的"水平。

三、六点含糊、空洞、虔诚的具体要求

【原文】

现在我就要讲完了，因为纲领中接下去的附带部分不是纲领的重要组成部分。所以我在这里只简单地谈一谈。

2. "正常的工作日。"

其他任何国家的工人党都没有局限于这种含糊的要求，而总是明确地指出，在当前条件下多长的工作日是正常的。

3. "限制妇女劳动和禁止儿童劳动。"

如果限制妇女劳动指的是工作日的长短和工间休息等等，那么工作日的正常化就应当已经包括了这个问题；否则，限制妇女劳动只能意味着在那些对妇女身体特别有害或者对女性来说违反

道德的劳动部门中禁止妇女劳动。如果指的是这一点，那就应当说清楚。

"禁止儿童劳动！"这里绝对必须指出年龄界限。

普遍禁止儿童劳动是同大工业的存在不相容的，所以这是空洞的虔诚的愿望。

实行这一措施——如果可能的话——是反动的，因为在按照不同的年龄阶段严格调节劳动时间并采取其他保护儿童的预防措施的条件下，生产劳动和教育的早期结合是改造现代社会的最强有力的手段之一。

4. "对工厂工业、作坊工业和家庭工业实行国家监督。"

在普鲁士德意志这样一个国家里，应该明确地要求：工厂视察员只有经过法庭才能撤换；每个工人都可以向法庭告发视察员的失职行为；视察员必须是医生。

5. "调整监狱劳动。"

在一个一般性的工人纲领里面，这是一种微不足道的要求。无论如何应当明白说出，工人们完全不愿意由于担心竞争而让一般犯人受到牲畜一样的待遇，特别是不愿意使他们失掉改过自新的唯一手段即生产劳动。这是应当期望于社会主义者的最低限度的东西。

6. "实行有效的责任法。"

应该说明，"有效的"责任法是什么东西。

顺便指出，在正常的工作日这一条中，忽略了工厂立法中关于卫生设施和安全措施等等那一部分。只有当这些规定遭到破坏时，责任法才发生效力。

第五章　无产阶级专政一定能赢！

总之，这一附带部分也是写得很草率的。

我已经说了，我已经拯救了自己的灵魂。

《哥达纲领》草案的这一部分并不是主要的、要害的、有实质、原则性错误的部分，而是六点关于工人利益的具体要求，马克思认为，这些要求含糊、空洞、虔诚，应该更加明确。对此，马克思一条一条地指出其中应该明确的内容：

第二条关于"正常的工作日"（第一条关于"国民教育"在上一个问题中），马克思认为，应该明确地指出，多长的工作日是正当的。任何国家的工人党都没有像《哥达纲领》草案这样，局限于这种含糊的要求。

第三条关于"限制妇女劳动和童工"，马克思指出，不能全面禁止妇女劳动，只能禁止那些对妇女身体特别有害或者对女性不道德的劳动。如果《哥达纲领》草案的"限制妇女劳动"指的是妇女工作日的长短和工间休息等，那么，工作日的正常化里就应当包含"妇女工作日的长短和工间休息"这个问题。"限制妇女劳动"的准确含义应当加以说明。

关于"禁止儿童劳动"，必须指出所谓童工的年龄界限，指出雇佣多大年龄以下的童工是违法的，如果在按照各种年龄严格调节劳动时间并且还采取其他保护儿童的预防措施的条件下雇佣童工，无论对大工业还是对童工自身都是有益的，因为生产劳动和教育的早期结合是改造现代社会的最强有力的手段之一，普遍禁止儿童劳动与大工业的发展不相容，童工适当的工作是向社会学习的一个良好途径。

第四条关于"对工厂工业、作坊工业和家庭工业实行国家监督",马克思认为,应该明确地要求,在普鲁士德国这样一个国家里,工厂视察员只有经过法庭才能撤换;每个工人都可以向法庭告发视察员的失职行为,视察员必须是医生出身。

第五条关于"调整监狱劳动",马克思认为,在工人党的纲领里,这是一种微不足道的要求。《哥达纲领》草案应该明白说出,无论如何,工人们完全不愿意由于担心竞争而让监狱里的一般犯人受到牲畜一样的待遇,特别是不愿意使他们失掉改过自新的唯一手段——生产劳动。这是期望于一个社会主义者的最低限度的东西,体现了马克思的人道主义精神。

第六条关于"有效的责任法",马克思指出,应该说明"有效的"责任法是什么东西。在第二条关于"正常工作日"中,《哥达纲领》草案还忽略了工厂立法中关于卫生设施、安全措施等部分内容。只有当这些规定遭到破坏时,责任法才发生效力。

马克思说,《哥达纲领》草案中的这一部分写得也很草率、含糊不清。

在《哥达纲领批判》的最后,马克思对起草《哥达纲领》草案的德国社会主义工人党的领袖们说了一句关于《哥达纲领》草案内容之外的话:"我已经说了,我已经拯救了自己的灵魂。"这句话的意思是,我已经说了我对《哥达纲领》草案的意见,我尽心了,我的灵魂安宁了。言外之意,德国社会主义工人党的领袖们,你们看着办吧!希望你们也能拯救自己的灵魂,对得起德国工人运动。